Kunst-Reiseführer in der Reihe DuMont Dokumente

W0245138

In der Umschlagklappe: Karte von Portugal

In der hinteren Klappe: Portugals Könige und ihre Dynastien

Das Fischerdorf Ericeira nördlich Lissabon erinnert an nordafrikanische Siedlungen

Albert am Zehnhoff

Portugal
Kunst, Kultur und Landschaft

Ein Begleiter zu den Kunststätten
von Porto bis zur Algarve-Küste

DuMont Buchverlag Köln

Auf der Umschlagvorderseite: Schiff im Hafen von Aveiro

Auf der vorderen Innenklappe: Praia da Rocha, Algarve
Auf der Umschlagrückseite: Kirche bei Nazaré

CIP-Kurztitelaufnahme der Deutschen Bibliothek

Am Zehnhoff, Albert
Portugal : Kunst, Kultur u. Landschaft ;
e. Begleiter zu d. Kunststätten von Porto bis
zur Algarve-Küste. – Neuaufl. – Köln : DuMont,
1978.
  (DuMont-Dokumente : DuMont-Kunst-Reiseführer)
  ISBN 3-7701-0697-0

© 1978 DuMont Buchverlag, Köln
Nachdruck verboten. Alle Rechte vorbehalten
© 1974 Verlag M. DuMont Schauberg, Köln
Druck: Gebr. Rasch & Co., Bramsche

Printed in Germany ISBN 3-7701-0697-0

Inhalt

Landeskunde und praktische Reisehinweise
von Frank Rother 185

6

I Portugal und das portugiesische Volk

›Land am Atlantik‹, ›Land der tausend Farben‹, so oder ähnlich wird Portugal bezeichnet. Das Land im Südwesten Europas ist historisch besonders interessant. Es nimmt den größten Teil des atlantischen Küstenbereichs der Iberischen Halbinsel ein. Mit ca. 90 000 qkm Fläche ist Portugal etwas größer als Österreich und doppelt so groß wie die Schweiz, aber es hat weniger als ein Fünftel der Bodenfläche seines großen Nachbarn Spanien. Bis vor wenigen Jahren galt das jedoch nur für die europäischen Gebiete. Da gehörten noch die überseeischen Besitzungen – provincias ultramarinas – dazu. Auf afrikanischem Boden war das Angola, Mozambique und Portugiesisch-Guinea, außerdem São Tomé, Principe und die Kapverdischen Inseln vor der Westküste dieses Erdteils. Inzwischen sind aus den ehemals portugiesischen Besitzungen souveräne Staaten geworden. Ein kleiner Rest jener Zeit, die 1974 nach einem Putsch der Armee zu Grabe getragen wurde, findet sich noch in Asien: das unter portugiesischer Verwaltung stehende Territorium Macao. Doch wurde auch diesem Gebiet seit 1976 volle innere Autonomie zuteil.

Weit draußen im Atlantischen Ozean liegt die Inselgruppe der Azoren (rund 1500 km Luftlinie) und die Insel Madeira; diese als ›ilhas adjacentes‹ bezeichneten Inseln werden dem europäischen Portugal zugerechnet. Aber auch hier fängt es an zu bröckeln: viele Bewohner möchten von ihrem Mutterland unabhängig werden.

Das Staatsgebiet ist in achtzehn festländische und vier Inseldistrikte eingeteilt, die ältere Einteilung in elf historische Provinzen ist jedoch überall noch gebräuchlich.

Portugal gehört mit knapp zehn Millionen Einwohnern zu den mittelgroßen Ländern Europas. Die Bevölkerungsdichte ist sehr unterschiedlich. Die dichteste Besiedlung finden wir naturgemäß in den Ballungsgebieten der Großstädte, vor allem in den Distrikten Lissabon (596 Einwohner/qkm) und Porto (628/qkm), aber auch in den Tälern der Flüsse Douro und Tejo. In einigen Gebieten (Beja, Évora, Portalegre) ist die Bevölkerungsdichte jedoch erheblich niedriger (30/qkm). Im Durchschnitt wohnen auf 1 qkm etwa 109 Personen. Diese Unterschiede ergeben sich u. a. aus der ungleichen Nutzbarkeit des Bodens. Der gebirgige Norden (Farbt. 10) ist klimatisch mehr begünstigt als der Süden (Farbt. 13) Portugals. Die höchste Erhebung, der Berg Malhão mit fast 2000 m, liegt in Mittelportugal, er gehört zur Serra da Estrêla, einem Gebirgszug von etwa 100 km Länge.

Der Verkehr konzentriert sich auf die Umgebung der wenigen großen Städte und auf die Kur- und Badeorte entlang der Küste. Für nord- und mitteleuropäische Begriffe ist Portugal ein verkehrsarmes Land. Die Flüsse sind nur in ihrem Unterlauf schiffbar, so stellen sie keine wichtigen Verkehrswege dar. Das Eisenbahnnetz ist eher weitmaschig; die meisten kleineren Orte sind nur mit dem Auto zu erreichen. Die Straßen sind jedoch überwiegend in gutem Zustand bis in die entlegensten Flecken.

Trotz intensiver Bemühungen, das Land zu industrialisieren, gehört Portugal heute noch zu den Agrarstaaten. Seine bekanntesten Erzeugnisse sind Fischkonserven, Textilien, Wein und Kork.

Große Sorgfalt widmet der Staat dem Ausbau des Tourismus. An der Atlantikküste, besonders im Algarve, entstehen überall neue Hotels. Das ergibt für manchen einen neuen Arbeitsplatz. In einigen Touristenzentren ist daher die Zahl der portugiesischen Auswanderer schon zurückgegangen. Große Schwierigkeiten jedoch macht die berufliche Eingliederung jener Portugiesen, die im Zuge der Unabhängigkeit der einstigen Überseegebiete ins Mutterland zurückgekehrt sind. Und den Tourismus zu einer dauerhaften und großen Einnahmequelle zu machen, das ist bisher nur sehr wenigen Staaten geglückt.

Der Portugiese liebt sein Land. Selbst wenn er jahrzehntelang in fremden Ländern gearbeitet hat, kehrt er im Alter, wenn irgend möglich, in seine angestammte Heimat zurück. Die Heimatliebe hat der Portugiese mit seinen östlichen Nachbarn gemeinsam, mag er sich von diesem in anderen wichtigen Punkten auch stark unterscheiden. Schwerlich wird der Besucher dem ›typischen‹ Portugiesen begegnen. Die Unterschiede sind mannigfaltig. Überwiegend ist der dunkle südländische Typus, doch besonders im Norden überrascht die Anzahl der großen, blauäugigen Menschen mit hellerer Haut: eine Vielfalt, welche sich aus der Geschichte des Landes erklärt: Unter den Vorfahren des portugiesischen Volkes waren Kelten, Phönizier, Griechen, Römer, Vandalen, Germanen, Araber, auch Kreuzfahrer aus England und Frankreich.

Mit dem Spanier will der Portugiese nicht in einem Atemzug genannt werden, und es wäre ein großer Fehler, wollte der Besucher den westlichen Streifen der Iberischen Halbinsel als ein Anhängsel Spaniens betrachten. Wie sehr die Grenze zwischen den beiden Staaten eine wirkliche Grenze ist, zeigt schon die Verschiedenheit der Sprachen (nur das Galicische im Nordwesten Spaniens ist mundartlich mit dem Portugiesischen verwandt). Zwar gehören beide Länder zum romanischen Sprachbereich, aber selbst der Sprachunkundige wird rasch die Unterschiede feststellen. Das Portugiesische klingt weich, ganz im Gegensatz zum Spanischen mit seiner z. T. harten, ja scharfen Aussprache. Die portugiesische Sprache setzt sich aus älteren Elementen zusammen als jene des Nachbarstaates. Germanische und arabische Worte sind ins Portugiesische eingegangen. Dazu kommen noch Einflüsse von Sprachen des Ostens, mit denen die Seefahrer in Berührung gekommen waren. In diesem Zusammenhang sei auf ein Wort besonders hingewiesen: saudade. Übersetzt heißt es nichts anderes als ›Sehnsucht‹. Aber in diesem Wort steckt mehr. Es ist ein Schlüssel zum Wesen des Portugiesen. Die Sehnsucht nach dem Unbestimmten, nach der Ferne, nach der Weite der Meere ist in ›saudade‹ enthalten. Man hat dieses Wort mit dem deutschen Wort ›Gemütlichkeit‹ verglichen, das sich bekanntlich auch nur schwer in andere Sprachen übertragen läßt. Etwas von der ›saudade‹ ist auch in den volkstümlichen Melodien und Texten des Fado enthalten. Seine Musik ist ganz anders als der mitreißende Flamenco Spaniens. Im Fado dominiert die Schwermut, das Verhalten einzelner Silben auf der Modulation. Gemeinsam ist dem Fado und dem Flamenco nur die Begleitung durch die Gitarre. Ein Lokal, in dem typische Fado-Musik geboten wird, sollte man möglichst schon am Beginn seines Portugal-Aufenthaltes aufsuchen. Denn hier offenbart sich die portugiesische Seele leicht und spielerisch.

Der Spanier gilt als stolz, der Portugiese ist eher in sich gekehrt. Die Melancholie ist seiner Seelenstimmung am ehesten angemessen. Beiden gemeinsam ist jedoch ein gewisses hierarchisches Denken. Das Ansehen bedeutet auch dem Portugiesen viel. Der Begriff ›Herr‹ hat hier noch seinen ursprünglichen Sinn. Und daran hat auch die Revolution nichts geändert! Blößen gibt man sich nicht; unfreiwillige Komik kommt nicht auf. Der Portugiese – auch der ärmste – hat ein ausgesprochenes Gefühl für Würde, und dieses Gefühl ist in allen Volksschichten stark entwickelt.

Portugal wird auch heute nur langsam zur Industrienation. Unter dem ehemaligen Präsidenten Antonio de Oliveira Salazar wurden große Anstrengungen unternommen, das Land dem Lebensstandard mitteleuropäischer Länder anzugleichen. Bis heute jedoch ist dieses Ziel nicht erreicht, auch wenn die Industrialisierung unter der heute auf demokratisch-parlamentarischer Grundlage basierenden Regierung weitergeführt wird. Nach der Revolution trat am 2. April 1976 eine neue Verfassung in Kraft. Vom Volk wird der Präsident für die Amtsdauer von fünf Jahren gewählt. Er ist zugleich Vorsitzender des ›Obersten Revolutionsrates‹, der sich aus Offizieren zusammensetzt. Wenn der Regierungschef ein Militär ist, so gehört er ebenfalls dem Rat an. Der Regierungschef und die Minister werden vom Staatspräsidenten ernannt. Wer zu Amt und Würden kommt, das hängt vom Ergebnis der Wahl ab. Die Gesetzgebende Versammlung – die ›Volksversammlung‹, wie sie auch genannt wird – bleibt für vier Jahre im Amt. Die junge Demokratie in Portugal hat eine große Zahl sehr unterschiedlicher politischer Parteien geboren. Die größte Partei des Landes ist heute die ›Sozialistische Partei Portugals‹ (Partido Socialista Portugués/PSP), gefolgt von der ›Demokratischen Volkspartei‹ (Partido Popular Democrático/PPD), dem ›Demokratisch-Sozialen-Zentrum‹ (Centro Democrático Social/CDS), auf der rechten Mitte angesiedelt, und der ›Kommunistischen Partei‹ (Partido Comunista Portugués/PCP). Den Schluß bildet die ›Volksdemokratische Union‹ (União Democrático Portugués/UDP); diese vertritt eine marxistisch-leninistische Richtung und ist mit nur einem Sitz vertreten. Weitere Parteien, die jedoch heute nicht im Parlament vertreten sind, da sie weniger als 1 % der Stimmen erhielten: ›Sozialistische Volksfront‹ (FSP), die ›Bewegung der sozialistischen Linken‹ (MES), die ›Monarchistische Volkspartei‹ (PPM), die trotzkistisch ausgerichtete ›Internationale Kommunistenliga‹ (LCI), die ›Christlich-Demokratische Partei‹, die maoistische ›Bewegung für die Reorganisation der Partei des Proletariats‹ (MRPP). Außerdem gibt es noch zwei neue, rechts-stehende Parteien: die ›Unabhängige Bewegung für den Nationalen Wiederaufbau‹ (MIRN) und die ›Partei der Portugiesischen Allianz‹ (PAP).

Es gibt größere Vergnügen, als in Portugal ein Ministeramt zu haben. Der Staat krankt an wirtschaftlichen und sozialen Problemen. Die hohe Arbeitslosigkeit ist nicht einfach zu beseitigen. Dazu kommt eine relativ niedrige Produktion und Produktivität. Im Gegensatz dazu steht der hohe private und öffentliche Verbrauch und die damit verbundene starke Abhängigkeit von Krediten aus dem Ausland. Die Regierung setzt alles daran, das Land möglichst rasch aus der derzeitigen wirtschaftlichen Talsohle herauszuholen. Immerhin ist es gelungen, eine große Zahl neuer Arbeitsplätze zu schaffen, so daß die Auswanderung für viele Portugiesen nicht mehr die einzige Möglichkeit ist, ein menschenwürdiges Leben führen zu können.

Doch von all dem wird der ausländische Besucher Portugals kaum etwas mitbekommen. Die liebenswürdigen Bewohner dieses schönen Landes werden mit dazu beitragen, daß der Aufenthalt in ihrem Lande zu einem unvergeßlichen Erlebnis wird.

II Kunstgeschichtlicher Überblick

Die frühe Zeit

Kunstgeschichtliche Zeugnisse aus der Prähistorie Portugals sind nur in geringer Zahl erhalten geblieben. Im Gegensatz zu Spanien hat man in Portugal bisher keine Höhlenmalereien entdeckt. Nur die Dolmengräber lassen auf eine relativ frühe Anwesenheit des Menschen schließen. Diese ›antas‹, wie sie im Lande genannt werden, stammen zum Teil noch aus der Altsteinzeit. Dolmengräber kennt man in ganz Europa bis hin nach Afrika und Asien. Das Wort leitet sich ab vom keltischen ›daul‹ bzw. ›dol‹, das soviel wie Stein, Tisch heißt. Die Dolmengräber sind aus großen Natursteinen gefügt. Rechteckige Blöcke, oft mehr als zwanzig, wurden in einem Rechteck aufgestellt und mit großflächigen Steinen bedeckt. Wahrscheinlich handelt es sich um Begräbnisstätten für Sippen und Stammesführer; sie enthielten zahlreiche Grabbeigaben. Man fand unter anderem Lanzenspitzen, Messer, Dolche, durchbohrte Tierzähne, Beile und Schmucksachen. Doch sind all diese Gegenstände nicht typisch für Portugal, da ähnliche Funde auch in anderen Gebieten gemacht wurden. Imposante Dolmengräber gibt es in *Crato*,

Dolmen, Zeugnisse der
Frühzeit Portugals

Rundsteinhäuser
(castros) der
Höhensiedlung von
Briteiros

einem Städtchen in der Ebene des Alentejo, außerdem in der Nähe von *Amarante*, öst-
lich von Porto gelegen, bei *Chaves*, einem Grenzort im Norden Portugals, sowie in
Barrosa bei Praia de Ancora. Auch auf die Gräber von *Carrazedo de Alvao* bei der
Stadt Vila Real, ebenfalls in Nordportugal, sei hingewiesen.

Berühmt sind die vorrömischen Siedlungen, ›citanias‹ (auch castros) genannt. Reste
davon finden sich im Norden des Landes bei der Stadt Braga, die Siedlungen von
Sabrosa und *Briteiros,* aber auch die ›Carvalhelhos‹ bei *Chaves.* Aus der Zeit des Im-
periums Romanum ist auf portugiesischem Boden nur wenig erhalten geblieben. Die
wichtigste Ausgrabungsstätte ist die von *Condeixa-a-Velha* südlich von Coimbra in
Mittelportugal (Abb. 28–33). Weitere Zeugen römischer Anwesenheit findet man im
Algarve bei Portugals südlichster Stadt, Faro, sowie bei Porto und in der Umgebung
von Setúbal bei Lissabon. Die besterhaltenen Bauten aus der Römerzeit sind der
Diana-Tempel in *Evora* (Abb. 91) und die Brücke im ehemaligen Aquae Flaviae, der
heutigen Stadt *Chaves.* Die Brücke mit ihren sechzehn Steinbögen führt über den
Tamega-Fluß. Die meisten Ausgrabungsfunde sind in den Museen der größeren Städte
zu besichtigen. Zu nennen sind besonders das Archäologische Museum in Lissabon,
›Museu de Arqueologia da Associação dos Arqueólogos Portugueses‹ und das ›Museu
Nacional de Soares dos Reis‹ in Porto.

Die Architektur der Westgoten ist durch die Kirche *São Frutuoso* in der Nähe der
nordportugiesischen Stadt Braga vertreten. Die Kirche aus dem 7. Jahrhundert wurde
allerdings im 11. Jahrhundert teilweise umgebaut. Ähnliches gilt auch für die wohl
besterhaltene westgotische Kirche des Landes, die *Igreja de Balsemão* bei Lamego. Sie
wurde im 17. Jahrhundert restauriert.

Obwohl Portugal fast drei Jahrhunderte hindurch in arabischer Hand war, sind die
Zeugnisse aus jener Zeit fast gänzlich untergegangen. Dies ist aus der Geschichte zu
erklären: Die bedeutendsten islamischen Bauten entstanden auf der Iberischen Halbinsel erst zu einer Zeit, als in Portugal schon die Rückeroberung, die Reconquista, eingesetzt hatte. Überdies war die Gegnerschaft zwischen Christen und Mohammedanern

Römischer Aquädukt in
Mittelportugal

so heftig, daß keine baulichen Werke an die Maurenherrschaft erinnern sollten. Ein Beispiel islamisch beeinflußter Architektur blieb jedoch erhalten. In *Larousa,* in der Provinz Beira Alta, gibt es eine dreischiffige Basilika mit Hufeisenbögen. Sie stammt aus
dem frühen 10. Jahrhundert und zeigt als einziges Bauwerk Portugals den mozarabi-
schen Stil. In Mittel- und Südspanien ist diese Architektur, die in den späteren Bauten
auch als Mudéjar-Stil bezeichnet wird, häufig anzutreffen. Der Mudéjar-Stil ist eine
Mischung aus romanischen, gotischen und maurischen Formen; man könnte ihn auch
eine ›verchristlichte Maurenarchitektur‹ nennen. Das Wort ›mozarabisch‹, das sich vom
arabischen ›musta' riba‹ ableitet und ›Fremdling‹ bedeutet, weist auf die nicht stilreine
Form hin. Verwendung fand dieses Wort aber nicht nur in der Kunstgeschichte: Die
Christen, die auf der Iberischen Halbinsel unter arabischer Herrschaft lebten und zum
Teil eigene Liturgieformen entwickelten, bezeichnet man als Mozaraber oder Mostara-
ber.

Portugal ist ein Land der Burgen und Kastelle. Ein beachtlicher Teil von ihnen ist
erhalten geblieben bzw. so restauriert, daß der Besucher einen unmittelbaren Eindruck
von ihrem ehemaligen Aussehen erhält. Die Vielfalt der Burganlagen und Ruinen läßt
sich mit jener des Mittelrheins vergleichen. Schon von weitem sind sie als Wahrzeichen

13

vieler Orte zu erkennen. Wie Finger aus Granit reichen ihre mächtigen Zinnen in den strahlend blauen Himmel. Die Größe der Anlagen ist oft imponierend. Noch heute scheinen sie unbezwingbar zu sein. Im Osten Portugals, dort, wo man sich vor feindlichen Angriffen besonders schützen mußte, sind die Burgen am zahlreichsten. Alles scheint in diesen Gebieten auf Abwehr und Schutz hin gebaut worden zu sein. Auch im Norden, dem am längsten und dichtesten besiedelten Teil des Landes, zeugen große Burganlagen von dem Unabhängigkeitswillen der einstigen Bewohner. Mauren und Kastilier haben immer wieder versucht, sich im Westen der Iberischen Halbinsel festzusetzen. Kein Wunder also, daß die wichtigen grenznahen Orte nahezu ausnahmslos mit dicken Mauern umgeben wurden. Portugal besitzt heute noch mehr als hundert Burgen und Burgruinen. Je nach Lage und Art des Geländes – offene Landschaft, Berg-

Burgruine. Portugal ist ein Land der Burgen und Kastelle

Beobachtungserker,
typisch für die Burganlagen Portugals

gebiete, waldige Höhen – unterscheiden sie sich voneinander. Die Dicke der Mauern,
die Höhe der Türme, die Art der Fenster und Schießscharten, all das ist in erstaunlicher
Weise der Situation und der jeweiligen Aufgabe angepaßt. Natürlich spielt es auch
eine große Rolle, ob eine Burg aus dem 11. oder aus dem 16. Jahrhundert stammt. Wie
in anderen Ländern Europas haben sich die frühen Burgen Portugals aus dem Bergfried entwickelt. Viele von ihnen erfuhren im Laufe der Jahrhunderte bauliche Veränderungen – meist waren es Erweiterungen. In jener Zeit, als das Recht des Mächtigeren mehr galt als das geschriebene Gesetz, war das, was wir heute unter ›romantischer
Lage‹ verstehen, bittere Notwendigkeit. Manche der Burgen haben interirdische Gänge,
die in einiger Entfernung ins Freie oder in nahegelegene Wälder mündeten. Besonders
an der Ostgrenze hat man diese Anlagen in ziemlich regelmäßigem Abstand errichtet.
Die vielleicht schönste Lage hat die Burg, welche die Templer auf einer kleinen Insel
im Tejo errichteten. Der Templer-Orden wirkte auch bei dem Bau anderer Burganlagen maßgeblich mit. Seinen Ursprung hat der Orden in der Zeit der Kreuzzüge. Da

kein Pilger sicher sein konnte, Jerusalem, das Ziel seiner Wallfahrt, ohne Überfall zu erreichen, schloß sich der Orden zu ihrem Schutz zusammen. Zu Anfang war den Mitgliedern Armut auferlegt, doch Steuererlasse und andere Privilegien ließen den Orden bald reich und mächtig werden; in der Mitte des 13. Jahrhunderts stand er auf dem Höhepunkt seines Wirkens. Dann kam die Wende: Da er sich stark verweltlicht hatte und sein enormer Reichtum die Habgier der französischen Könige weckte – besonders König Philipp IV. (1285–1314) spielte in diesem Zusammenhang durch die Anstrengung eines Inquisitionsprozesses eine unrühmliche Rolle –, hob Papst Klemens V. 1312 mit dem Konzil von Vienne den Templer-Orden auf. Der auf portugiesischem Boden ansässige Zweig des Ordens war von den Ränken und Machenschaften weniger betroffen; er wurde 1318 in den Christusorden umgewandelt, dem sich ein Jahr später ein italienischer Zweig der Templer anschloß. Die Bezeichnung ›Templer‹ weist auf die Frühzeit des Ordens hin: Damals war sein Sitz Jerusalem, und der amtierende König Balduin II. überließ ihm 1118 einen Flügel seines Palastes, welcher, der Tradition gemäß, an jener Stelle errichtet war, wo einst der Tempel Salomos stand. Der Obhut des Ritterordens war nicht nur der Schutz der Pilger, sondern der ganzer Landstriche anvertraut. So ist es nicht verwunderlich, daß die Ordensritter im Laufe der Zeit zu wahren ›Burgexperten‹ wurden.

Eine der berühmtesten Burganlagen Portugals ist die in *Leiria* (Farbt. 2) aus dem 12. Jahrhundert. Hier, wie auch an anderen Beispielen, ist zu erkennen, mit wieviel strategischem Geschick die Templer ihre Burgen in die Landschaft bauten. Interessante Bauwerke findet man ferner in Guimarães (Abb. 5, 6), Alvito Abrantes, Estremoz und in Bragança, in Beja, Sintra Vila da Feira, in der Nähe von Segura, aber auch in Sabu-

Templerburg auf einer Insel im Tejo

1 VILA REAL Villa Mateus, 18. Jh.

2 Die Burg von LEIRIA, im 12. Jh. als Grenzfestung gegen die Mauren erbaut

3 LISSABON   Hieronymitenkloster, 16. Jh.   4 LISSABON   Turm von Belém, 16. Jh. ▷

6 LISSABON   Azulejos am Palácio Fronteira im Stadtteil Benfica

◁ 5   Palast-Hotel beim ehemaligen Kloster BUCACO, nordöstlich Coimbra

7   COIMBRA   Kreuzgang des Klosters Santa Cruz

8   BATALHA   Königlicher Kreuzgang im Kloster

9   Häuser in OLHÃO, Algarve

10   Vorderes Hochportugal, Douro Litoral, mit Weinbergen

11   SERRA DO MARÃO, Trás-os Montes, kontinentale Leeseite

12 SERRA DO CARAMULO, Beira Alta, mit Felsburgen aus Granit

13 SERRA DO CALDEIRÃO, Hoch-Algarve, mit ›Maulwurfskuppen‹ aus Tonschiefer

15   Maisspeicher in der SERRA DO CARAMULO, Beira Alta

16   Maschinengetriebenes Göpelwerk, Nieder-Algarve

◁ 14   GUIMARÃES, Minho, Straßenbild   17   Sonntagnachmittag am Meer bei AVEIRO ▷

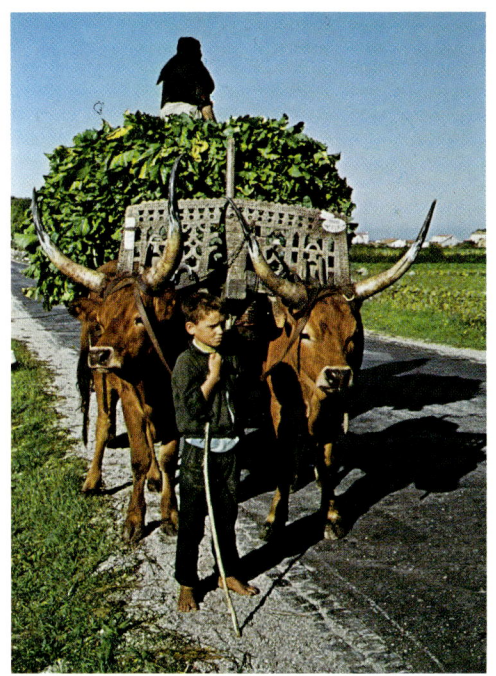

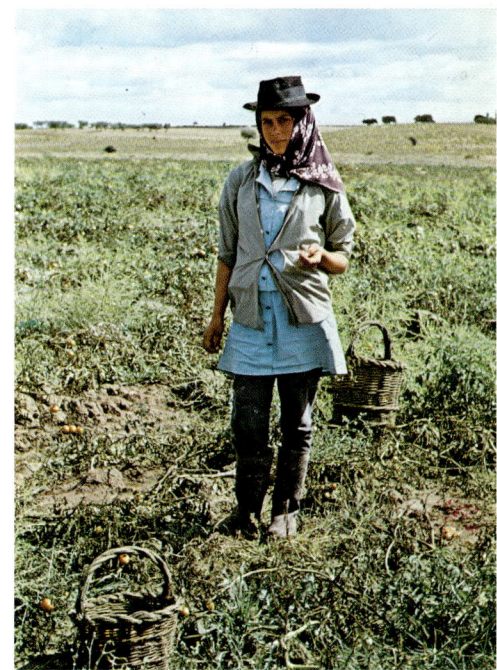

19 Zugochsen im MINHO, mit holzgeschnitztem Joch

20 Tomatenernte im ALENTEJO

21 Vorzeitige Reisernte durch Überschwemmungen im CAMPO DE MONDEGO

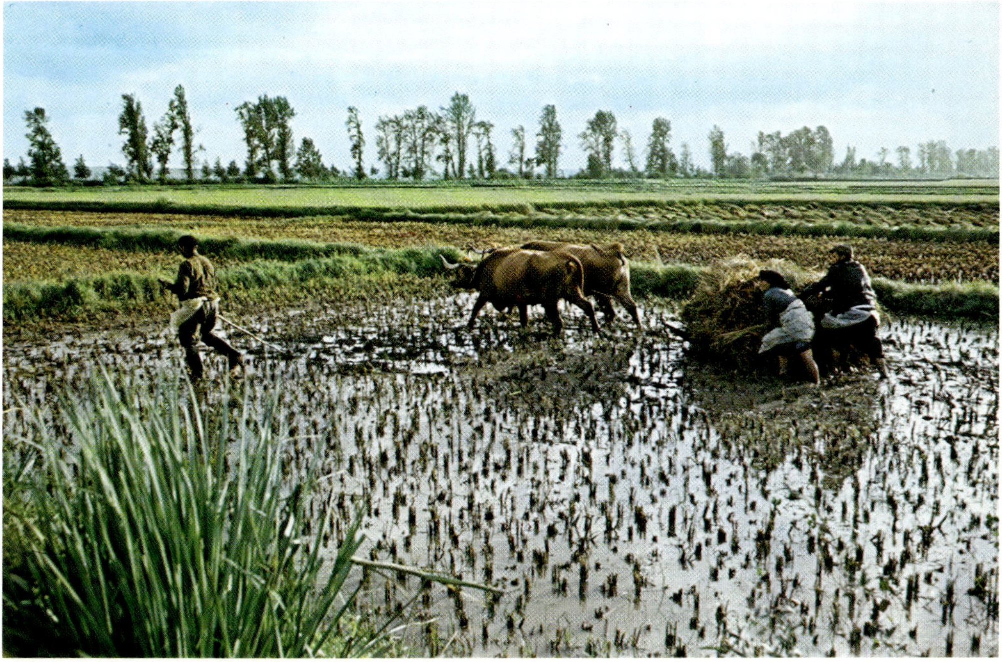

◁ 18 CAMPO DE MONDEGO, Beira Litoral

22 NAZARÉ, Kliff ▷

gal und in Belmonte. Die Burg von Belmonte ist die Geburtsstätte von Pedro Alvares Cabral, einem der berühmtesten Männer in der Geschichte Portugals. Er wurde um 1460 geboren und gehörte einer der angesehensten Familien des Landes an. Unter König Manuel I. unternahm er weite Seereisen und entdeckte dabei Brasilien, das zu Portugals wichtigster Kolonie wurde und dem Staat eine Vormachtstellung unter den Ländern Europas sicherte. Viele Burgen wurden auf romanischen oder maurischen Fundamenten errichtet. Die Anlagen stehen heute zum größten Teil leer; in einigen, besonders solchen, die zum Wahrzeichen einer Stadt geworden sind, hat man Museen eingerichtet, deren Ausstellungsobjekte aber mit dem ursprünglichen Bau nur selten etwas zu tun haben. Meist sind es Orts- oder Regionalmuseen, in denen volkskundlich interessante Gegenstände zu sehen sind. Ihr Besuch ist lohnend, da sie einen tieferen Einblick in die Geschichte und in die Kultur des Landes vermitteln. Die wichtigsten Burgen Portugals werden im Zusammenhang mit den für die Kunst- und Kulturgeschichte bedeutenden Orten des Landes näher behandelt.

Die Romanik und die Gotik

Die Epoche der romanischen Architektur fällt mit der Zeit der Entstehung des portugiesischen Staates zusammen. Mit Afonso Henrique (Alfons Heinrich) hatte 1128 ein König die Herrschaft übernommen, der durch seine Verwandtschaft mit den dortigen Herrscherhäusern enge Beziehungen zu Frankreich und Italien pflegte, zu Ländern also, in denen die romanische Baukunst in hoher Blüte stand. Mit dem König wurde der romanische Stil, der sich seit dem 10. Jahrhundert in allen katholischen Ländern Europas durchgesetzt hatte, auch in Portugal heimisch. Denn es galt, dem maurischen Stil etwas entgegenzusetzen, was von offenkundiger Überlegenheit wäre. In Burgund, in Südfrankreich, in der Normandie und am Rhein gab es bereits Vorbilder. Da den einheimischen Baumeistern der romanische Stil unbekannt war, rief Afonso Henrique Mönche aus Burgund ins Land. Sie gehörten dem Kloster Cluny an, das in der Kirchengeschichte große Bedeutung erlangte. Nicht zufällig erhielt die Baukunst von der Abtei von Cluny die stärksten Impulse. Um dem Niedergang des klösterlichen Lebens entgegenzuwirken, ließ Herzog Wilhelm der Fromme von Aquitanien im Jahr 910 in der Stadt Cluny eine Abtei errichten, deren Mönche ihr Leben nach der strengen Ordensregel des hl. Benedikt führen sollten. Diese Abtei wurde Ausgangspunkt einer umfassenden Erneuerung des Mönchtums. Der Gedanke der Klosterreform griff rasch um sich; von Cluny aus wurden viele neue Klöster gegründet, in denen der neue Geist herrschte. Die Mönche aller dieser Abteien nannte man Cluniazenser. Die Einfachheit und die Anspruchslosigkeit dieser Männer, aber auch ihr Gefühl für Würde trat im Baustil der Romanik zutage. Im Gegensatz zu den Cluniazensern, deren Orden in der Französischen Revolution aufgehoben wurde, besteht jener der Zisterzienser bis zum heutigen Tage. Auch dieser Orden hat auf die in der Zeit der Romanik errichteten

Kathedralen und Klöster größten Einfluß ausgeübt; das gilt auch für Portugal. Die Zisterzienser sind ein Zweig des Benediktinerordens. Ihren Namen erhielten sie vom Kloster Cistercium (Citeaux) in der Nähe von Dijon, das im Jahre 1098 durch den hl. Robert (1024–1108) gegründet wurde und sich ebenfalls die sittliche und geistige Erneuerung zur Aufgabe stellte. In der Kunst vertraten die Zisterzienser ähnliche Auffassungen wie die Cluniazenser, rückten aber die Einfachheit noch stärker in den Mittelpunkt ihrer Bestrebungen. Gerade der Verzicht auf alles Unwesentliche ließ sie zu Meistern der romanischen Architektur werden. Typisch wurde der geradlinig geschlossene Chor, auch die geringe Anzahl von Türmen, an deren Stelle häufig sogenannte ›Dachreiter‹ traten. Die beiden Orden waren für den Kirchen- und Klosterbau Portugals stilprägend. Das gilt für einen Zeitraum von mehreren Jahrhunderten. Mit welchem Eifer sich die Mönche ans Werk machten, erkennt man schon an der Tatsache, daß in den nördlichen Gebieten des Landes, welche am frühesten von der Maurenherrschaft befreit wurden, innerhalb weniger Jahrzehnte über hundert Klöster entstanden.

Viele der berühmten romanischen Bauwerke sind in gutem Erhaltungszustand. Das Material, aus dem sie gebaut sind, ist Granit, der in den Serras – spanisch Sierras – gebrochen wurde, den stark erodierten Höhenzügen der Iberischen Halbinsel, die auf portugiesischem Boden durchschnittlich etwa 700 m hoch sind.

Im Lande gibt es noch etwa fünfzig romanische Kirchen. Die bedeutendste von ihnen, und auch die schönste, ist die Kathedrale von *Coimbra* (Abb. 24, 25). Diese Kirche wurde nach der Wiedereroberung des Landes geradezu zum christlichen Herrschaftssymbol und sollte Zeugnis ablegen für die Stärke des christlichen Glaubens. Coimbra war zu dieser Zeit Hauptstadt des jungen Königreiches. Auch die Kathedrale von Lissabon ist romanischen Ursprungs, obgleich das heute die wiederholten Veränderungen nicht mehr so erkennen lassen wie in Coimbra. Bedeutende Bauten aus jener Zeit sind ferner die Kathedrale von *Braga* (Abb. 7), zugleich stilprägend für den Kirchenbau in Nordportugal, sowie die Kathedrale von *Évora* (Abb. 94, 95). Mit den Kirchen entstanden verschiedene Klöster, die zu den interessantesten romanischen Bauten des Abendlandes zählen. Hier sei hingewiesen auf das Kloster und die dazugehörende Kirche Santa Maria in *Alcobaça* (Abb. 50, 51) aus dem Jahr 1148 und auf das Kloster Santa Maria in *Aguiar*, einem mittelalterlich anmutenden Dorf im Nordosten Portugals, aus dem Jahr 1165. Auch die Klosterburg in *Tomar* (Abb. 34–38) stammt zum Teil aus jener Zeit. Von den Profanbauten sei das Rathaus (Domus Municipalis) von *Bragança* genannt, das im 12. Jahrhundert entstand. Oft erscheint es recht schwierig zu entscheiden, ob ein Bauwerk der Romanik oder bereits der Gotik zuzurechnen ist. Gerade in Portugal ist der Übergang fließend, und es gibt viele Beispiele, bei denen romanische und gotische Stilmerkmale im selben Bauwerk nahezu gleichmäßig verteilt sind. Der von der Mauren-Herrschaft später befreite Süden des Landes zeigt mehr gotische als romanische Stileinflüsse. Die Blütezeit der Romanik war bereits vorbei, als der Süden fest in die Hände christlicher Herrscher kam.

Im letzten Drittel des 14. Jahrhunderts – es wird als portugiesische Sondergotik bezeichnet – setzte sich in Portugal das gotische Element immer mehr durch. Auch hier waren französische Baumeister tonangebend, von denen die meisten Mönche waren. Fast gleichzeitig mit dem Beginn der Gotik in Portugal ging die Herrschaft der Burgunderkönige zu Ende. König Fernando I. (Ferdinand I.) (1367–1383) war der letzte dieses Stammes in Portugal. Im Jahre 1373 hatte er ein Bündnis mit England geschlossen, das – oft erneuert – die Abwehrbereitschaft gegenüber Kastilien demonstrieren sollte. Da jedoch die Erbtochter Fernandos, Beatrice, die Gemahlin des kastilischen Königs Juan I. (Johann I.) war, befürchteten die vornehmen Familien Portugals, beide Länder könnten nach dem Ableben Fernandos wieder zusammengeschlossen werden; die Könige Kastiliens hatten schon immer Expansionsgelüste gezeigt. Das veranlaßte die portugiesischen Cortés, Zuflucht zu einer List zu nehmen. Sie proklamierten den unehelichen Sohn Pedros I. (Peters I.) – des Grausamen – zum König Portugals. Dieser, João I. (Johann I.), war zugleich Großmeister des Militärordens São Bento d'Aviz (Ordem militar de São Bento de Aviz), in dem sich seit seiner Gründung im Jahre 1162 durch Afonso I. adlige Portugiesen zur Bekämpfung der Mauren zusammengeschlossen hatten. Dieser Orden, dessen Regeln denen der Zisterzienser und Benediktiner ähnlich waren, hatte sich verpflichtet, die Mauren mit ›Feuer und Schwert‹ zu bekämpfen – so wie die Moslems ihren Glauben verbreiteten.

Sitz des Ordens war das Städtchen Aviz nordöstlich von Lissabon, deshalb wurde er auch ›Aviz-Orden‹ genannt, wovon schließlich die Dynastie ihren Namen ableitete. Seit 1550 war der jeweilige König von Portugal zugleich Großmeister des Aviz-Ordens. João I. konnte 1385 bei Aljubarotta mit englischer Hilfe Kastilien besiegen. Das sicherte dem Lande die Unabhängigkeit. Nun hatte der Staat für fast zweihundert Jahre Ruhe bis zur nächsten Auseinandersetzung mit seinem östlichen Nachbarn. 1580 starb das Haus Aviz aus. Als Anwärter auf die portugiesische Krone ließ Philipp II. von Spanien Portugal besetzen. Von 1580 bis 1640 waren beide Länder durch Personalunion verbunden. In jener Zeit entstanden Bauwerke, die zu den großartigsten Sakralbauten Europas zählen. Unter den bedeutendsten Werken portugiesischer Gotik ist die Abteikirche von *Batalha* (Farbt. 8; Abb. 42–49) in der Nähe von Leiria zu nennen. Der Baumeister, der sich damit ein bleibendes Denkmal setzte, ist Afonso Domingues. In der Kunstgeschichte des Landes gilt die Abtei von Batalha als ein ›Grundstein‹ der

Wappen des Aviz-Ordens

nationalen Kunstentwicklung. Auch die Gotik Portugals läßt sich, ähnlich wie die Romanik, nur schwer mit der gotischen Stilepoche in anderen Ländern vergleichen, da die Formen z. T. eine ausgeprägte Eigenständigkeit zeigen.

In der Gotik, teilweise aber auch schon in der Zeit des Übergangs von der Romanik zur Gotik, entstanden mehrere Kreuzgänge. Meist wurden sie nachträglich den Hauptbauten (Kathedralen und Klöster) angefügt. Sie zeigen daher oft Stilelemente beider Epochen. Neben dem Kloster von Batalha gehören zur portugiesischen Gotik die Klosterbauten in Alcobaça, in Belém und in Tomar, obwohl sie alle auch Merkmale anderer Stile aufweisen. Bei der wohl bedeutendsten gotischen Kathedrale, der von Évora, sind noch spätromanische Einflüsse prägend.

In der Plastik und in der Malerei entstanden weniger bedeutende Leistungen. Im Gegensatz zu vielen italienischen Werken aus jener Zeit zeigen die Arbeiten portugiesischer Künstler, daß sie die perspektivische Darstellung noch nicht beherrschten. Die meisten Figuren sind flach, ohne Leben und von schwacher Ausdrucksfähigkeit. Der Betrachter hat den Eindruck, daß die Proportionen nicht stimmen und daß der Kopf im Verhältnis zu den anderen Körperteilen meist zu groß, zu schwerfällig ausgefallen ist. Da die Darstellungen im Norden Portugals allgemein ausdrucksvoller sind, ist zu vermuten, daß man sich im Süden, wo ja die Rückeroberung später stattfand, erst nach und nach an die Wiedergabe der menschlichen Gestalt heranwagte. Wahrscheinlich wirkten im Unterbewußtsein noch immer islamische Vorstellungen nach, denn unter den Moslems war die bildliche Darstellung des Menschen verboten gewesen. Dieses Verbot hatte zur Folge, daß der ornamentale Schmuck um so größeres Gewicht erhielt, was schließlich im prächtigsten und prunkvollsten aller portugiesischen Stile, dem manuelinischen – estilo manoelino – seinen hervorragenden Ausdruck fand.

Der manuelinische Stil

Im 16. Jahrhundert stand Portugal auf dem Gipfel seiner Macht; unermeßliche Schätze flossen dem Land zu. Sein Kolonialreich war um ein Vielfaches größer als das Mutterland. Angefangen hatte das mit Heinrich dem Seefahrer, dem Dom Henrique el Navegador, Infant von Portugal, Herzog von Viseu, dem vierten Sohn König Joãos I. Heinrich wurde 1394 in Porto geboren und zeigte sich schon früh den ritterlichen Idealen und der wissenschaftlichen Erkenntnis verpflichtet. Er sah, daß Portugals Zukunft nicht in der Auseinandersetzung mit Kastilien liegen könne, sondern in der Eroberung der Meere und der Entdeckung unbekannter Gebiete. Heinrich gründete die erste Seeakademie der Welt. Seinem Weitblick verdankt Portugal den späteren Welthandel und die koloniale Machtstellung in fremden Erdteilen. Heinrichs große Verdienste um sein Land waren schon ersichtlich, als er 1460 starb. Ihre volle Auswirkung erfuhren sie unter König Manuel I., dem Glücklichen, der seinen Beinamen den Erfolgen verdankt, die unter seiner Regierung errungen wurden. Es war die Zeit der großen Ent-

deckungsfahrten. Der Reichtum, der ihm aus den eroberten Gebieten in Übersee zu-
fiel, öffnete dem König ungeahnte Möglichkeiten. Er wurde einer der baufreudigsten
Herrscher Europas. Lissabon zog die Künstler und die Gelehrten magnetisch an; der
Hafen der Stadt war inzwischen der bedeutendste Europas. Mit den Segelschiffen der
Entdecker fuhren auch die Künstler, Baumeister und Ingenieure in die Welt hinaus.
Sie hatten sich in Manuels Auftrag in den fremden Gebieten umzusehen, um zu Hause
nutzbar zu machen, was sie draußen sahen. Durch Bauten, die im Stile jener des Mutter-
landes errichtet wurden, sollten sie aber auch jenseits der Meere Portugal würdig re-
präsentieren. Noch heute künden viele Bauten in Übersee von Portugals glorreicher
Zeit. Was die Baumeister und Steinmetze aus jenen fernen Gebieten an Anregungen mit
zurückbrachten, war so reich und vielfältig, daß sich in Portugal ein sonst nirgends
vertretener Stil bildete, der manuelinische. Er umfaßt einen Zeitraum von etwa siebzig
Jahren. 1495, im gleichen Jahr, in dem König Manuel I. den Thron bestieg, ernannte er
Diego Boytac zu seinem Hofarchitekten; er gehört zu den Künstlern, mit denen der
manuelinische Stil aufs engste verknüpft ist. Vertreten wurde er auch von João und
Diogo de Castilho, von Diogo und Francisco de Arruda, von Mateus Fernandes und
nicht zuletzt von dem berühmten Nicolas Chanterène.

Manuel mag ruhm- und prunksüchtig gewesen sein – die eigentliche Triebfeder für
die Prachtentfaltung in den Bauten dieser Zeit waren tiefer Glaube und Dankbarkeit
vor Gott. Alle wichtigen Bauten stellen die Erfüllung von Gelübden dar.

Der Manuel-Stil ist ein Folgestil der Gotik, allerdings einer Gotik, die, wie schon
erwähnt, mit der in anderen Ländern nur bedingt vergleichbar ist. Dem Besucher wird
vor allem die dekorative Wirkung dieses Stils auffallen. Blüten, Rankgewächse, Tiere,
Phantasiefiguren, all das bildet auf den ersten Blick ein scheinbar wildes Durcheinan-
der, das sich erst bei genauerem Zusehen in seinen Einzelheiten offenbart. Die Eindrücke, welche die Künstler in Indien, Afrika und Amerika erhielten, müssen so
stark gewesen sein, daß sich genau Beobachtetes und phantastisch Erinnertes ver-
mengten.

Besonders stark ausgeprägt ist auch das maurische Element; Fenster und Portale
zeigen das am deutlichsten. Oftmals fanden auch Formen aus dem Bereich des Meeres
Verwendung: Zum Beispiel Schifftaue, Korallen, Seesterne, Seepferdchen und phantasievoll veränderte Meerespflanzen. Alle diese Formen finden sich nicht selten auf wenigen Quadratmetern Fläche zu einem märchenhaft anmutenden Ganzen vereint. Eine
kaum vorstellbare künstlerische Fertigkeit war dazu notwendig, um diese Wunder-
werke aus dem Stein zu meißeln. Der ›estilo manoelino‹ erinnert oft geradezu an Spitzenklöppelei, so fein muten die Arbeiten an. Daß der Baustil dem Flamboyant-Stil des
15. und 16. Jahrhunderts nahesteht, ist unverkennbar; jedoch sind die phantastischen
Abwandlungen meist so stark, daß die sogenannte Fischblasen-Ornamentik nicht so-
gleich erkennbar wird.

Das bedeutendste Bauwerk im Manuel-Stil ist die Klosterkirche in Belém, einem
Vorort von Lissabon. Hier feiert diese Ausdrucksform wahre Triumphe. Das *Hierony-*

miten-Kloster (Abb. 77–82) ist das Hauptwerk aus der Zeit Manuels I., und auch der berühmte *Turm von Belém* (Farbt. IV; Abb. 68), Wächter am Tejo, stammt aus jener Epoche. Die im manuelinischen Stil errichteten Bauwerke sind zahlreich. Sie finden sich in fast allen Teilen Portugals. Eines der schönsten Beispiele ist das berühmte Fenster (Abb. 36) des Kapitelsaals in *Tomar*, nordöstlich von Lissabon. Der an Filigran-Arbeit erinnernde Fensterschmuck ist eine der erlesensten Kostbarkeiten der Zeit. Nicht vergessen seien die ›Capelas Imperfeitas‹, die sogenannten ›Unvollendeten Kapellen‹ am Ostchor der Klosterkirche Maria da Vitória in *Batalha* (Abb. 42–49), und das königliche Schloß in *Sintra;* hier sei besonders auf die Pavillons hingewiesen.

Bildhauerei und Malerei

Die Bildhauerei Portugals ist im Zusammenhang mit der Baukunst zu betrachten. Es gibt nur wenige Beispiele, bei denen Skulpturen eine selbständige Funktion erfüllten; fast immer dienten sie der Architektur zum Schmuck. In Romanik und Gotik haben die Skulpturen die Bedeutung einer Musik im Hintergrund, das architektonische Hauptwerk sollte durch sie betont werden. Beispiele plastischer Gestaltung in der Romanik sind einige Grabmäler, von denen besonders das des Egas Moniz (1050–1144) hervorzuheben ist. Es befindet sich in der sehenswerten romanischen Kirche von *Paço de Sousa,* einer kleinen Ortschaft östlich von Porto bei Penafiel. Das Ideal zisterziensischer Baugesinnung war Strenge und Nüchternheit, daher wurde die gotische Plastik durch diesen Mönchsorden nicht sonderlich gefördert. Den wichtigsten Teil der bildhauerischen Tätigkeit machte auch hier die Bauplastik aus, deren vornehmste Aufgabe darin bestand, Bogen, Pfeiler, Säulen, Fenster und Portale zu schmücken. Bis zum 16. Jahrhundert sind die Grabmäler in der Kirche des Klosters Santa Maria zu *Alcobaça* die bedeutendsten gotischen Zeugnisse der Bildhauerkunst in Portugal. Sie stammen aus der zweiten Hälfte des 14. Jahrhunderts. Die schönsten von ihnen sind die von Pedro I. und seiner Geliebten Inéz de Castro. Die Kenntnis ihrer tragischen Lebensgeschichte gehört zur Allgemeinbildung des Portugiesen, vielleicht deshalb, weil darin eine Reihe von Umständen die Volksseele besonders stark anspricht. Pedros Vater, König Afonso IV (Alfons IV.), war von Anfang an gegen diese Verbindung gewesen, da er befürchtete, daß die kastilische Königsfamilie, der Inéz de Castro entstammte, zu starken Einfluß in Portugal gewinnen könnte. Als aber Pedros Gemahlin Constantia starb, vermählte sich dieser 1345 heimlich mit Inéz, die Hofdame bei Constantia gewesen war. Sein Vater erfuhr von der Heirat nichts. Erst nach Jahren klärten die königlichen Räte Pedro Coelho, Diogo Lopez Pacheco und Alvaro Gonsalvez den Sachverhalt auf und überredeten den König, Inéz ermorden zu lassen. Nach anfänglichem Widerstreben ging Afonso darauf ein: Als Pedro im Januar 1355 zur Jagd ausgeritten war, begab er sich mit seinen Vertrauten nach Coimbra, um das Todesurteil, das man im geheimen gefällt hatte, zu vollstrecken. Inéz flehte für sich und ihre vier Kinder um Gnade, doch die Ratgeber des Königs erdolchten sie. Außer sich vor Zorn schwor Pedro grausame Rache. Mit seinen Getreuen zog er gegen seinen Vater zu Felde und zerstörte Ortschaften und Städte. Als Pedro nach Afonsos Tode selbst König wurde, ließ er zwei der Mörder, deren er habhaft werden konnte, bei lebendigem Leib die Haut abziehen; dann wurde ihnen das Herz herausgerissen und darauf die Leichname am Schandpfahl verbrannt; vom Fenster der königlichen Burg in Santarém aus sah er dem schrecklichen Schauspiel zu. Diese Rache, die er an seinen Feinden nahm, brachte ihm den Beinamen ›der Grausame‹ ein, obwohl er sonst seinem Volk ein milder und wohltätiger Herrscher war.

Weitere Zeugnisse gotischer Bildhauerkunst sind die Sarkophage in der Gründerkapelle von Maria da Vitória in *Batalha*; hervorzuheben sind dort die Stifterfiguren Joãos I. und seiner Frau Philippa von Lancaster. Der Sarkophag, der das Liegebild der Verstorbenen trägt – Johann reicht Philippa seine rechte Hand –, zeigt wenig Schmuck. Interessant ist der Doppelbaldachin über den Köpfen. Vermutlich meint das Halten der Hände nicht nur die Gattentreue über den Tod hinaus, sondern weist zugleich auf die portugiesisch-englische Allianz, übrigens die älteste in Europa, hin. Es ist nicht bekannt, wer die Grabmäler von Alcobaça und Batalha geschaffen hat. Die Kunsthistoriker nehmen an, daß es sich um fahrende Künstler handelte, wie sie in der damaligen Epoche waren. Vielleicht waren es Spanier, denen die Grabmäler des Klosters Las Huelgas, eines im Jahre 1187 eingeweihten Zisterzienserinnenstifts bei Burgos, bekannt waren.

Eindrucksvoll ist das Grabmal des Erzbischofs von Braga, Gonçalo Pereira, aus dem Jahr 1326, ein Meisterwerk gotischer Bildhauerkunst, von Telo Garcia und Pero de Coimbra geschaffen. Die Künstler gingen aus einer Werkstatt hervor, die sich im 13. Jahrhundert in Coimbra gebildet hatte und deren Einfluß ringsum in einer Anzahl allerdings wenig bedeutender Werke erkennbar ist. Meisterleistungen brachte die Schule erst unter der Leitung des Nicolas Chanterène hervor, dessen Arbeiten auf portugiesischem Boden bis ins erste Drittel des 16. Jahrhunderts nachweisbar sind. Sein erstes Werk war das westliche Hauptportal der Kirche von *Belém*. Chanterènes Kunstauffassung war stark der Renaissance verpflichtet. Deutlich zeigen dies die prächtigen Grabmäler der Könige Afonso Henrique und Sancho I. in Santa Cruz in *Coimbra*, an denen er zwischen 1518 und 1520 gearbeitet hat. Berühmt ist auch das Portal des Kreuzganges im Kloster von *Celas*, das Chanterène 1526 schuf. Weitere Werke dieses wohl bedeutendsten Renaissance-Künstlers in Portugal befinden sich in Sintra, Évora, Loios und Graça. Während die Arbeiten Chanterènes dem französischen Geschmack nahestanden, hing eine zweite Bildhauerschule, die ebenfals in Coimbra beheimatet war, mehr nationalen portugiesischen Vorstellungen an. Sie wurde von Diogo Pires dem Jüngeren geleitet. Die Werke dieser Gruppe erreichten jedoch nicht die Qualität der Arbeiten von Chanterène. In diesem Zusammenhang sei noch auf dessen Nachfolger, Jean de Rouen, hingewiesen. Auch er blieb dem französischen Geschmack treu, schuf jedoch nur wenige Werke, die in der Qualität nicht hinter jenen

Chanterènes zurückstehen. Jean de Rouen war sehr gefragt und arbeitete daher immer unter Zeitdruck. Als seine Meisterwerke gelten die Altarwand in der Kirche des kleinen Ortes *Varziela* und die Kanzel von Santa Cruz in *Coimbra*. In dieser knappen Darstellung ist es nicht möglich, auf jeden einzelnen Künstler einzugehen. Doch seien noch die Franzosen Jacques Loguins und Philippe Hodart (oder Oudart) genannt, die in Zusammenarbeit mit Jean de Rouen die ›Porta Especiosa‹, eine Rundbogenpforte mit reichem Schmuckwerk in der *Sé Velha,* der alten Kathedrale von Coimbra, schufen.

Als Portugal im letzten Drittel des 16. Jahrhunderts wieder unter spanischen Einfluß geriet, bedeutete dieser Einschnitt auch für die Bildhauerei den langsamen Niedergang. Hervorragende Werke entstanden bis ins letzte Drittel des nachfolgenden Jahrhunderts nicht mehr. Erst nach 1670 besannen sich die Mönche des Klosters von Alcobaça wieder auf die portugiesische Eigenart. Ein großer Reichtum an Reliquienschreinen und Plastiken war die Folge. Bedeutende Künstler jener Epoche waren Jacinto Vieira de Braga, Joaquim Machado de Castro, Claude de Laprade und José de Almeida.

Im Gegensatz zur Bildhauerei trat die Malerei erst relativ spät in Erscheinung. Auffallend ist die Übereinstimmung mit der Malerei der Niederländer. Den Grund für die späte Blüte der Malerei kann man nur vermuten. Vielleicht waren auch hier maurische Überlieferungen, die sich lange in der Bevölkerung gehalten haben, ausschlaggebend, ist doch die Malerei eine Ausdrucksform, bei der es, jedenfalls für das damalige Kunstverständnis, auf genaue Vorbildtreue ankam. Ähnliche Erscheinungen findet man auch in anderen Ländern, in denen sich islamische Eroberer für längere Zeit festgesetzt hatten. So gibt es z. B. auf Malta, wo Mohammedaner lange Zeit die Herrschaft innehatten, bildliche Darstellungen kaum vor dem 15. Jahrhundert. Die verwandten Züge

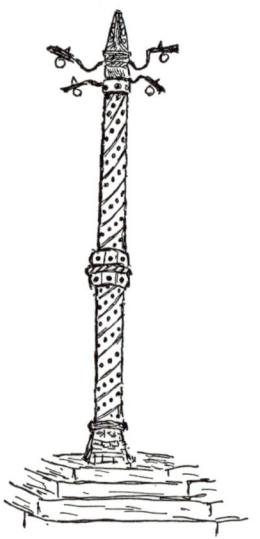

Auf eine Besonderheit portugiesischer Bildhauerkunst sei noch hingewiesen; es sind dies die ›pelourinhos‹, sogenannte Prangersäulen, die der Besucher in vielen Orten des Landes, häufig auf Plätzen, antrifft. Viele verraten große Kunstfertigkeit und wirken heute sehr dekorativ, obwohl sie in früheren Zeiten recht anderen Zwecken gedient haben.

mit der niederländischen Malerei sind nicht zufällig. Bedeutende Künstler Portugals waren gebürtige Niederländer beziehungsweise Flamen, die sich an heimischen Vorbildern geschult hatten. Ihre Schüler auf portugiesischem Boden führten die Technik der Meister weiter. Den größten Einfluß auf die Malerei des Landes hatte Jan van Eyck, der Begründer der frühen flämischen Schule, zusammen mit seinen Geschwistern Hubert und Margarete. 1428 kam Jan van Eyck nach Portugal und malte dort die Tochter König Joãos I., Doña Isabel. Der Meister gehörte einer Abordnung des Herzogs Philipp des Guten von Burgund an, die mit der Heiratswerbung beauftragt war.

Am Beginn der portugiesischen Malerei steht eine Gruppe von Künstlern, die als ›Primitive‹ bezeichnet werden. Dieser Ausdruck kann jedoch leicht irreführen, da er nichts über die Qualität aussagt, sondern nur die Bezeichnung für eine erste künstlerische Entwicklungsstufe ist. Die Zeit der ›Os Primitivos Portugueses‹ umfaßt die Jahre 1450 bis 1550. Zu den bedeutendsten Malern dieser Zeit gehört Nuño Gonçalves, dessen Hauptwerk, ein Flügelaltar der *Verehrung des hl. Vinzenz*, im Nationalmuseum für alte Kunst in Lissabon zu sehen ist (Abb. 86–89). Der Altar stand ursprünglich in der Vinzenz-Kapelle der Kathedrale von Lissabon; er ist zweimal aufklappbar und zeigt dann je drei Bildtafeln, auf denen dargestellt ist, wie der hl. Vinzenz von den Angehörigen der Königsfamilie verehrt wird. Besondere Sorgfalt hat der Künstler auf die Ausführung der Gesichter und der Kleidungsstücke verwandt. Die insgesamt sechsteilige Altarwand hat die für damalige Zeiten enormen Maße von 5 m in der Breite und 2,20 m in der Höhe. Das Werk gehört zu den großartigsten Leistungen der europäischen Malerei jener Zeit und ist zugleich ein Beispiel, auf welch künstlerischer Höhe die Schule von Lissabon stand. Gonçalves begann seine Laufbahn unter König Afonso V. aus der Dynastie Aviz, der den Meister um 1450 zum königlichen Hofmaler ernannte. Es wird vermutet, daß der Künstler bis gegen 1481 am Hofe tätig war. Verschiedene Werke, die in ihrer Komposition auf Gonçalves hindeuten, werden ihm zugeschrieben, ohne daß jedoch über die Zuschreibung letzte Sicherheit bestünde. Während des schweren Erdbebens von 1755 sind viele Werke verlorengegangen, die Aufschluß hätten geben können.

Neben Lissabon war Viseu, eine Stadt südöstlich von Porto, zweites Kunstzentrum. Seine Ausstrahlung war jedoch wesentlich geringer. Der Schule von Lissabon standen zwei aus Flandern stammende Maler nahe: Frei Carlos und Francisco Henrique. Frei Carlos, der zugleich Mönch in Évora war, arbeitete zwischen 1517 und 1540; ihm werden mehrere Gemälde zugeschrieben, die leider keine Signatur tragen, so daß man fast ausschließlich auf die Überlieferung und auf Vergleiche angewiesen ist. Kompliziert wird die Situation noch dadurch, daß nicht wenige Bilder von den Königen direkt aus den Niederlanden bzw. aus Flandern eingeführt wurden, Werke, die alle in ähnlichem Stil gemalt sind.

Auch Francisco Henrique malte in der Lissaboner Tradition. Mit ihm verlagerte sich jedoch das Zentrum nach Évora, wo er zwischen 1500 und 1518 tätig war. Er übte großen Einfluß auf die portugiesische Malerei aus. In die Gruppe um Frei Carlos und

Francisco Henrique gehören auch die Maler Jorge Afonso, dessen Werke zwischen 1508 und 1540 entstanden und der zu den wichtigsten Künstlern der Lissaboner Schule zählt, sowie Gregorio Lopes, Garcia Fernandes, Cristovão de Figueirêdo und Gaspar Vaz.

Die Zeit der Entdeckungen war auch eine Epoche großartiger Bauvorhaben, nicht jedoch der Malerei. Gegen Ende des 15. Jahrhunderts finden wir nur wenige herausragende bildnerische Werke. Erst als man sich an all das Neue gewöhnt hatte, fanden die Künstler zur Muße zurück. Am Anfang des 16. Jahrhunderts traten dann die bereits erwähnten Malerpersönlichkeiten Frei Carlos und Francisco Henrique hervor. Neben den Hauptzentren Lissabon und Viseu gab es Schulen in Évora, Sardoal und Abrantes. Genaugenommen sind sie aber nichts anderes als Ableger von Lissabon. Wichtigster Vertreter von Abrantes ist Gregório Lopes, auch ›Meister von Abrantes‹ genannt, dessen Werk am vollständigsten auf uns gekommen ist. Die Schule von Sardoal wird durch einen ominösen M. N. angeführt; der exakte Name ist unbekannt.

Der bedeutendste Künstler der Schule von Viseu war Vasco Fernandes, der ›Grão Vasco‹. Seine schönsten Werke sind im Museu Grão Vasco in Viseu ausgestellt. In dieser Stadt wurde er um 1480 geboren, hier starb er auch 1543. Vasco der Große war so berühmt, daß lange Zeit hindurch nahezu alle wertvollen Gemälde ihm zugeschrieben wurden; erst gegen Ende des 19. Jahrhunderts wurde das aufgrund neuer kunsthistorischer Forschungen revidiert. Außer im Museum von Viseu befinden sich Werke von ihm in der Kirche Santa Cruz zu Coimbra und in der Kathedrale von Lamego, um nur die wichtigsten Orte zu nennen.

Nach 1550 ließ der niederländische Einfluß immer mehr nach; in manchen Bildern zeigen sich nun italienische Einwirkungen. Oft kommt es zu einem eigenartigen Mischstil, wobei der portugiesische Anteil in Anlehnung an das niederländische Vorbild die Oberhand behält. Zu nennen ist aus dieser Generation der Hofmaler Cristovão Lopes; er lebte zwischen 1516 und 1594 und stand in Diensten der Könige João III. und Sebastian I.

Während des spanischen Zwischenspiels wanderten viele Künstler Portugals aus und zogen die Arbeit in Madrid vor, so daß diese Phase portugiesischer Malerei hauptsächlich in Spanien ihren Niederschlag fand.

Aus den nachfolgenden Perioden sind noch die folgenden Namen zu nennen: Domingos Vieira I., dessen Schaffenszeit die Jahre zwischen 1592 bis 1632 umfaßt, Bento Coelho (1630–1707), Josefa d'Ayala (1634–1684) und Domingos Vieira II. (1627–1652). Das 18. Jahrhundert brachte nur einen bedeutenderen Künstler hervor: Francisco Vieira de Matos (1699–1783), dessen schönste Arbeiten auf dem Gebiet der Porträtmalerei liegen. Aus dem Übergang zum 19. Jahrhundert sei auf Domingo Antonio de Sequeira (1768–1837) hingewiesen und aus dem späten 19. Jahrhundert auf Columbano Bordalo Pinheiro (1857–1929). Während Sequeira das Hauptgewicht auf die Bildniskunst legte, befaßte sich Columbano vor allem mit der Landschaftsmalerei. Im 20. Jahrhundert gewann Helena Vieira da Silva internationale Beachtung.

III Die Azulejos

Auf Reisen durch Portugal trifft man überall auf einen Haus- und Fassadenschmuck, der in dieser Art seinesgleichen in Europa nicht hat. Gebäude, Brunnen, Mauern usw. sind häufig mit bunten, glasierten Fliesen verkleidet (Farbt. 6; Abb. 4, 66, 67, 72, 102). Diese sogenannten Azulejos zeigen oft die anmutigsten Zeichnungen. Besonders schöne Azulejos finden wir in den Kirchen und Palästen sowie an den Mauern öffentlicher Parkanlagen. Diese Art von Schmuck ist ein altes Erbe aus der Zeit der Araber-Herrschaft, eines der wenigen, die sich in die christliche Ära hinübergerettet haben. Das arabische Kulturgut wurde nach der Rückeroberung als etwas Fremdes, Unchristliches abgelehnt und beseitigt. An die Zeiten islamischer Herrschaft sollte so wenig wie möglich erinnern. Die Zweckmäßigkeit der Azulejos vermochte sich jedoch durchzusetzen: Mauern und Wände, die mit diesen Plättchen verkleidet sind, lassen sich ohne große Mühe sauberhalten. Die Fassaden brauchen nie mehr gestrichen zu werden.

Die Deutung des Wortes ›Azulejo‹ ist umstritten. Naheliegend ist die Ableitung vom Adjektiv ›azul‹ (= blau): Die ältesten Kacheln waren ausschließlich in den Farben Blau und Weiß gehalten. Andererseits leuchtet auch der Zusammenhang mit dem arabischen Wort ›Al-zulai‹, das soviel wie ›kleine Steine‹ heißt, ein: Die quadratischen bzw. rechteckigen Azulejos haben stets nur kleine Formate. Die Beschränkung auf die Farben Blau und Weiß ist nicht mehr üblich. Heute findet man alle Farben, die sich beim Brennen mit Metalloxyden ergeben. Die Darstellungen sind oft wahre Farbsymphonien.

Die Geschichte der vielfarbigen Azulejos beginnt im 15. Jahrhundert. Die Kenntnis ihrer Herstellung war damals in Portugal noch kaum verbreitet. Die Wiederbelebung dieser dekorativen Kunst kam von der spanischen Mittelmeerküste, aber auch aus Andalusien. Dort waren die Azulejos in Mode gekommen und wurden in großer Zahl nach Portugal ausgeführt. Der Palast von Sintra wurde mit wunderschönen Kacheln aus Sevilla ausgeschmückt. Es sind die wertvollsten Azulejos des 15. Jahrhunderts in Portugal. In der Folgezeit befaßten sich immer mehr portugiesische Handwerker und Künstler mit der Herstellung der Fliesen. Die Zeichnungen gewannen an Feinheit, und die Konkurrenz unter den Herstellern ließ auch in den Farbkompositionen die persönliche Eigenart zur Geltung kommen. Auch die Tiefenwirkung wurde stärker. Ein Beispiel dafür bietet der Palast von Bacalhõa bei Lissabon. Besonders gut kommt hier der Metall-Glanz der Azulejos zur Wirkung; Grün und Gelb in ihren verschiedensten Schattierungen sind die dominierenden Farben. Allegorische Figuren bestimmen zum großen Teil die Darstellungen. Der Einfluß Spaniens ist nicht zu übersehen, doch auch italienische Vorbilder spiegeln sich in den Azulejos von Bacalhõa wieder. Ein Teil der Kacheln stammt sogar aus der Werkstatt der berühmten Florentiner Künstlerfamilie della Robbia, deren Bedeutung nicht zuletzt darin liegt, daß ihre Bildwerke aus gebranntem Ton das gleiche künstlerische Niveau erreichten wie bisher nur Erz- und Marmorskulpturen. Den Palast von Bacalhõa schmücken die schönsten und wertvollsten Kacheln des 16. Jahrhunderts.

Die Individualität künstlerischen Schaffens verstärkte sich gegen Ende des 16. Jahrhunderts; die Abhängigkeit von ausländischen Einflüssen nahm ab. Die Kachel-Kunst begann bodenständig zu werden. Dieser Wandlungsprozeß war in der ersten Hälfte des 17. Jahrhunderts abgeschlossen. Im Mittelpunkt der Darstellungen stehen jetzt Szenen aus dem portugiesischen Volksleben sowie religiöse Themen. Es sind die ersten Ansätze zu einer Volkskunst im besten Sinne des Wortes. Die Herstellung von Azulejos konzentrierte sich besonders auf die Städte Lissabon und Coimbra. Hier kam es zur Gründung von Schulen, in denen die nötigen Fertigkeiten vermittelt wurden. Man fügte Azulejos nun häufig zu steinernen ›Wandteppichen‹ zusammen, die an Außenmauern angebracht wurden (Abb. 18). Der Eindruck des Fließenden wurde durch die meist beachtliche Länge dieser ›Teppiche‹ unterstrichen. Im 17. Jahrhundert wurden die Farben Gelb, Weiß und Blau sehr oft verwendet. Geometrische Figuren bildeten bisher meist den Abschluß, die Umrandung einer Darstellung, jetzt wurden sie zum Mittelpunkt. Auch das Innere der Kirchen wurde mit solchen Wandverkleidungen ausgeschmückt. Beispiele dafür finden sich in São Roque in Lissabon, in der Kirche Santo Antão in Évora sowie in Santa Cruz in Coimbra, um nur einige berühmte Kirchen zu erwähnen.

Die geometrischen Darstellungen zeigen deutlich orientalische, indische und chinesische Einflüsse. Es war die Zeit, in der portugiesische Seefahrer ihre Eindrücke aus der ganzen Welt in ihr Heimatland brachten. Im Überschwang des Interesses an immer neuen Formen entstanden faszinierende Ornamente in harmonischen Farbkompositionen. Auch die Vorderseiten der Altäre wurden mit Azulejos ausgelegt. Sie wirken dann manchmal wie farbige Kirchenfenster, besonders durch den seidigen Glanz der Kacheln. Das nationale Element in den Darstellungen trat nach 1750 stark in den Vordergrund. Themen aus der vaterländischen Geschichte wurden bevorzugt. Berühmt ist der Schlachtensaal im Palast von Fronteira bei Lissabon. Weiß-blaue Kacheln geben die Schlachten wieder, die im Jahre 1640 zur erneuten Unabhängigkeit Portugals von Spanien führten. Diese Azulejos sind beispielhaft für die Kachel-Kunst in der zweiten Hälfte des 17. Jahrhunderts. Auffällig ist auch die häufige Verwendung von Motiven aus Fauna und Flora. Auch ländliche Szenen mit der Wiedergabe von Sitten und Gebräuchen nehmen einen breiten Raum ein. Diese Sujets fanden ihre weiteste Verbreitung und ihre prächtigste Ausführung im 18. Jahrhundert. Es war die Zeit, als Portugal die Schätze Brasiliens übers Meer nach Europa brachte. Damals stand viel Geld zur Verfügung. Bedeutende Bauwerke wurden errichtet und mit kunstvollen Azulejos verkleidet. Die reichhaltige Palette dieses Kunsthandwerks erreichte ihren Höhepunkt.

Je breiter die Thematik der Darstellungen wurde, desto mehr empfanden wohl die Künstler die starren quadratischen oder rechteckigen Formate der Kacheln als hinderlich. So erfand man neue Azulejo-Formen, die an Quasten und Girlanden erinnern, vor allem auch an Muscheln. Welch bestechende Wirkung dieser neue Formenreichtum hat, zeigen uns die Wände im Kreuzgang des Klosters São Vicente de Fora bei Lissabon.

Wie in anderen Bereichen, so wurde auch in der Azulejo-Kunst die Weiterentwicklung durch das furchtbare Erdbeben im Jahr 1755 jäh unterbrochen. Ausländische Einflüsse fanden gegen Ende des 18. Jahrhunderts wieder Eingang in Portugal, doch hatten sie nur geringe Auswirkungen, da das allgemeine Interesse an den Fliesen nachgelassen hatte. Erst gegen Mitte des 19. Jahrhunderts kam es zu einer Wiederbesinnung auf diese traditionsreiche Volkskunst. Die Architekten des Landes schmückten die Fassaden der Gebäude wieder mit Kacheln, dabei orientierte man sich am Geschmack der Zeit. Die Bauten mit den schönsten Beispielen aus dem 19. Jahrhundert finden sich in Porto und Lissabon. Aber auch in den kleinen Städten und Dörfern erfreuten sich die Azulejos wieder großer Beliebtheit, die sich bis zum heutigen Tag erhalten hat.

IV Reisen in Portugal

Der Norden Portugals

Im Gegensatz zum Süden und Südwesten Portugals mit seinen bekannten Ferienorten wird der Norden weniger von Touristen aufgesucht. Für den kulturgeschichtlich Interessierten aber ist gerade der Norden reich an Eindrücken. Hier liegt Portugals zweitgrößte Stadt, Porto, das Zentrum des Weinhandels. In der älteren Bezeichnung heißt die Landschaft Douro Litoral, nach dem Fluß Douro, spanisch Duero. Berühmt sind die Weine, die auf den Hängen links und rechts der Ufer wachsen. Der Douro ist der zweitlängste Fluß der Iberischen Halbinsel. Mehr als 250 km fließt er durch Portugal, bevor er bei Porto in den Atlantik mündet. (Mit nahezu 100 000 qkm ist sein Einzugsgebiet das größte auf der Pyrenäenhalbinsel.) Schiffbar ist er nur etwas mehr als 100 km landeinwärts. Das Gebiet, durch das der Douro fließt, gehört zu den fruchtbarsten und am dichtesten besiedelten Landstrichen Portugals. Der Staat Portugal nahm hier seinen Anfang.

Die Bauern und Gutsbesitzer des Douro Litoral sind meist wohlhabend. Schöne Einzelhöfe sind nicht selten. Groß ist die Zahl der auf den Hügeln verstreut liegenden Ruinen. Viele von ihnen zeugen von Bauwerken, die noch vor Beginn der römischen Herrschaft errichtet worden sind. Der Douro Litoral ist ein romantischer Landesteil, besonders schön zur Zeit der Weinlese, wenn aus dem ganzen Land Männer und Frauen herbeikommen, um in den Weinbergen zu helfen. Es geht dann sehr fröhlich zu. Musikanten, meist Harmonikaspieler, lassen am Abend durch ihr Spiel die strenge Arbeit und die oft schwüle Hitze des Tages vergessen. Man trifft sich zum Tanz und plaudert temperamentvoll in südländischer Fröhlichkeit. Auch der Fremde wird in den heiteren Kreis aufgenommen, wobei man sich nicht zieren sollte, da die Portugiesen in ihrer spontanen Freundlichkeit leicht verletzbar sind. Auch der einfache Mann von der Straße würde es als groben Verstoß gegen die elementarsten Höflichkeitsregeln ansehen, wollte man den rundgereichten und von allen als Trinkgefäß benutzten Weinkrug zurückweisen.

Wappen der Stadt Porto

Porto

Porto hat seinen eigenen Reiz. Liegt er in der enormen Betriebsamkeit der Stadt oder im Gegensatz dazu im trägen Fließen des Douro, der hier 300 m breit ist? Oder ist es einfach die malerische Lage mit ihren felsigen, gegen 100 m hohen Hängen im Hintergrund (Abb. 1, 2)? ›A muito nobre e invicta cidade‹, ›die sehr edle und unbesiegte Stadt‹, so heißt Portos offizieller Ehrentitel. Statt ›Porto‹ liest man auch ›Oporto‹, was soviel wie ›der Hafen‹ (o porto) bedeutet. ›Portus Cale‹ nannten die Römer die Stelle, an der ein Kastell gestanden haben soll. ›Cale‹ hieß die kleine Siedlung am rechten Ufer des Douro, nur 4 km von dessen Mündung entfernt. Wenn die von einigen Historikern bezweifelten Überlieferungen dennoch den Tatsachen entsprechen, so haben wir hier die Keimzelle des portugiesischen Staates vor uns. Nachweislich hat sich diese Siedlung im Laufe des 5. Jahrhunderts n. Chr. zu einem festen Ort vergrößert. 104 Jahre war er im Besitz der maurischen Herrscher. Erst 820 gelang es Alfons I., dem König von Asturien, der seit 1833 ›Oviedo‹ genannten Provinz im Norden Spaniens, die Stadt Porto zurückzuerobern. Der Besitz von Porto war deshalb so besonders von Bedeutung, weil die Araber seit 716, elf Jahre nach ihrer Ankunft auf der Iberischen Halbinsel, mit der Einnahme dieser Stadt auch einen Bischofsitz in ihre Gewalt gebracht hatten. Dieser datierte bereits aus der Zeit der Suebenherrschaft um das Jahr 560. Den christlichen Herrschern war es ein Sakrileg, daß sich ein Bischofsitz in der Hand der ›Ungläubigen‹ befand. Um so wichtiger erschien den maurischen Herrschern der Besitz der Stadt: Fünf Jahre später, 825, eroberte der als skrupellos bekannte Almansor, Porto zurück. Es wurde teilweise zerstört. Nach dreiundvierzigjähriger Maurenherrschaft gelang es Viamara Peres, einem Krieger aus dem Heere Alfons' III. von Asturim, im denkwürdigen Jahr 868 Porto für die Christenheit zurückzuerobern. Die Geschicke der Stadt blieben aber wechselvoll, bis sie um 1050 endgültig christlich wurde. Die unruhigen Zeiten gingen an den Einwohnern nicht spurlos vorüber. In Porto stand man den Mauren besonders ablehnend, wenn nicht feindlich gegenüber. Politische Gruppen bildeten sich, die dem Volke klarmachten, daß Aufstand und Krieg allein zur Befreiung führen könnten. Porto wurde Zentrum des Aufruhrs gegen die Mauren, die sich in den benachbarten Gebieten noch behauptet hatten. Mit der Zeit gelang es, die Fremden zurückzudrängen. Nach der Befreiung dieses Gebietes schlossen sich die um Porto gelegenen Marken zusammen und erhielten den Namen ›provincia portugalensis‹, nach dem römischen Namen Portus Cale. Die Bewohner hießen offiziell ›Portugalenser‹. Das ausgeprägte Gefühl der Zusammengehörigkeit bei den Einwohnern von Porto bis zum heutigen Tag hat seinen Ursprung zweifellos in jener bewegten Zeit; auch die nationale Idee, aus der schließlich der portugiesische Staat entstand, stammt aus dem Bereich dieser ›provincia portugalensis‹. Der Bischof von Porto erhielt bald besondere politische Rechte, 1120 erhielt er aus der Hand der Königin D. Tareja die Stadt zum Lehen. Die Stadtrechte wurden 1123 durch die Gerichtsbarkeit erweitert, die erstmals in den Händen des Bischofs D. Hugo lag. Man vermutet, daß es sich um Hugo Sanctaliensis handelt, jenen Mann, dessen Bedeutung weniger im kirchlichen Bereich liegt als vielmehr in seiner Tätigkeit als Schriftsteller und Übersetzer von Werken arabischer Philosophen und Naturwissenschaftler.

Eng verbunden mit der Geschichte der Stadt ist Portugals erster König Afonso I. Henrique (1128–1185). Er fügte dem Gebiet weitere Landstriche hinzu, nachdem es gelungen war, Lissabon den Mauren zu entreißen, und trug damit seinen Dank an den Bischof der Stadt, D. Pedro Pitoes ab, der eine Gruppe englischer und deutscher Kreuzfahrer bewogen hatte, sich an der Erstürmung Lissabons zu beteiligen. Dieser Sieg über die Mauren im Jahre 1147 eröffnete auch Porto neue Möglichkeiten. Es war nun nicht mehr nötig, anderen bedrängten Städten Hilfe zu leisten, so widmete man sich mit Entschlossenheit und Eifer der wirtschaftlichen Entwicklung der eigenen Stadt. Wie auch anderswo kam es im Laufe der Jahre immer wieder zu Auseinandersetzungen zwischen den Bischöfen und der Bürgerschaft. Den Anlaß gab der Klerus, der die Gerichtshoheit für seine Zwecke ausnützte. Die Streitigkeiten wurden um so heftiger ausgetragen, je mehr der jeweilige Bischof sein geistliches Amt vernachlässigte. In der Stadtgeschichte von Porto kam das, wie der 1960 verstorbene Chronist Artur de Magahães Basto berichtet, oft genug vor. Vielfach mußte der Schiedsspruch des Königs entscheiden, und die Auseinandersetzungen nahmen erst ein Ende, als König João I. die Gerichtshoheit vom Bischof wieder zurückkaufte. Der König rechnete den Bischof, trotz seiner geistlichen Würden, dem Adel zu, den er als seinen größten Widersacher ansah. João I., mit dem das Haus Aviz zur Herrschaft gelangte (1385–1580), war dem Bürgertum verpflichtet, das ihm zur Macht verholfen hatte.

Die Blüte Portos fiel in die Zeit der Entdeckungen. Der rivalisierenden Stadt Lissabon konnte man mit Stolz entgegenhalten, daß in Porto Heinrich der Seefahrer geboren war, jener Mann, der maßgebend für die Durchführung der kühnen Entdeckungsfahrten wurde und auf den daher die glorreiche vaterländische Geschichte zurückgeht. Damals wurden im Hafen von Porto viele der großen Segelschiffe gebaut; noch heute erwähnen die Einwohner mit Genugtuung, daß mehrere Flotten nicht von Lissabon, sondern von Porto aus ihren Ausgang nahmen. Alle Bürger fühlten sich mitverantwortlich für das Gelingen dieser Unternehmungen. Als Heinrich der Seefahrer Anfang des 15. Jahrhunderts nach Ceuta – maurisch Sebta – in Nordafrika mit seiner Flotte auf-

1 PORTO   Praça da Liberdade mit der Avenida dos Aliados
2 PORTO   Blick über die Stadt, vorn die Brücke D. Luis I., im Hintergrund die Brücke von Arrábida

LOVVADO SEIA OSA
NTISSIMC SACARMENTO
PADRE NOSO E AVE MARIA
PELAS A Ms DO PVRGATORIO

4 PORTO Azulejos im Chor der Kirche Santa Clara, die Klosterkirche stammt aus dem Jahre 1421

◁ 3 PORTO Der Turm der Clérigos-Kirche aus der Mitte des 18. Jh. Höchster Glockenturm Portugals (75 m)

5 GUIMARAES Blick auf das Kastell aus dem 10./11. Jh. Hier wurde Portugals König Afonso Henrique I. geboren und getauft

6 GUIMARAES Das Kastell stammt aus der romanischen Epoche und gilt als Wiege der portugiesischen Nation

7 BRAGA Fassade der Kathedrale (11./12. Jh.)

8 BRAGA Eine lange Treppe führt zur berühmten Wallfahrtskirche Bom Jesús do Monte nördlich von Braga

9 VILA REAL Das Herrenhaus
der Grafen von Mateus, das Gebäude zeigt differenzierte Barock-
Architektur aus dem 18. Jh.

10 VILA REAL Das Haus des
Diogo Cão (Mitte 15. Jh.)

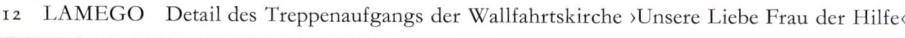

11 LAMEGO   Heiligtum der ›Nossa Senhora dos Remédios‹ (Unsere Liebe Frau der Hilfe)
12 LAMEGO   Detail des Treppenaufgangs der Wallfahrtskirche ›Unsere Liebe Frau der Hilfe‹

13   VISEU   Die Kathedrale aus dem 12. Jh., die zu Beginn des 16. Jh. erneuert wurde, und das berühmte Grão
Vasco-Museum (links)

14   VISEU   Blick ins Innere der Kathedrale

15   VISEU   Vasco Fernandez (gen.
›Grão Vasco‹), um 1480–1543, Anbetung
des Kindes. Museu Grão Vasco

16 VISEU Vasco Fernandez, Kalvarienberg. Museu Grão Vasco

17 VISEU Misericórdia-Kirche, 18. Jh.
18 VISEU Azulejo-Wandverkleidung am Platz der Kathedrale

19 AVEIRO   Blick auf einen der Kanäle, die das ›portugiesische Venedig‹ durchziehen

20 COIMBRA   Der Mondego-Fluß mit der Santa Clara-Brücke, auf dem Hügel erhebt sich die Altstadt mit ihrer Universität

21 COIMBRA Innenhof der Universität, links befindet sich die 33 m hohe Torre da Cabra, der Uhrturm aus dem 18. Jh., dessen Glocke die Studenten zu den Vorlesungen ruft

22 COIMBRA Universität. Die Sala dos Capelos, der Saal der Doktorhüte, ist die ›gute Stube‹ der Hochschule

24 COIMBRA Die Alte Kathedrale der Stadt ist ein Paradebeispiel für die romanische Architektur, sie stammt aus dem letzten Drittel des 12. Jh.

◁ 23 COIMBRA Überreich ausgeschmückt ist das Innere der Universitätsbibliothek

25　COIMBRA　Der Hochaltar der Alten Kathedrale. Die spätgotischen Schnitzereien stammen von Jean d'Ypres und Olivier von Gent aus den ersten Jahrzehnten des 16. Jh.

brach, stifteten sie beispielsweise das Fleisch aller geschlachteten Tiere und behielten für sich nur die Eingeweide zurück, die sonst nur die Ärmsten aßen. Dies brachte ihnen den Beinamen ›Tripeiro‹ (Eingeweide-Esser) ein. Sie sind stolz darauf, und der Name wurde zu einem Synonym, das in ganz Portugal bekannt ist. – Erwähnt sei in diesem Zusammenhang ein Gericht, das unter der Bezeichnung ›Tripas à modo do Porto‹ in die Küchen der bestrenommierten Restaurants des Landes Eingang gefunden hat. –

In der Zeit der spanischen Fremdherrschaft unter Philipp II. wurden in Porto wiederum alle nationalen Kräfte mobilisiert; zeitweise übertraf die Stadt ihre Konkurrentin Lissabon an militärischer Bedeutung. Hier war ein Drittel aller Truppen des Landes stationiert. Das Nationalbewußtsein der Bewohner wurde nochmals auf die Probe gestellt, als die Stadt 1808/1809 von den Franzosen belagert wurde. Um den Widerstand des Landes zu brechen, hatte der napoleonische Marschall Soult (1769–1851) einen Rachezug gegen Porto befohlen. Die Portugiesen riefen die Engländer zu Hilfe, und diese befreiten unter Wellington am 11. Mai 1809 die Stadt.

Die Belagerung durch die Franzosen konnte den weiteren Aufschwung der Stadt nicht verhindern. Eine der Triebfedern der ungebrochenen Aktivität war der sprichwörtliche Freiheitssinn des Bürgertums, der es nicht zuließ, daß sich Fremde, und seien sie auch aus dem eigenen Land, in die Angelegenheiten der Stadt einmischten. Dieser Freiheitssinn tritt auch in den Werken der Dichter, Schriftsteller und Künstler zutage, deren Wiege in Porto gestanden hat. Zu nennen in diesem Zusammenhange sind: Vasco de Lobeira, Garcia de Resende, Diogo Brandão, Fernão Brandao, außerdem Pero Vaz de Caminha, der die weltberühmte ›Landkarte der Entdeckung Brasiliens‹ verfaßt hat.

Daß dennoch die Bedeutung von Porto im Handel und in der Schiffahrt liegt und nicht in seiner Rolle als Kunststadt, ganz im Gegensatz etwa zu Lissabon, wird der Besucher bald bemerken. Porto ist eine interessante Stadt, voller Leben und Verkehr, aber nach überragenden Kunstwerken wird man vergeblich suchen. Selbstverständlich sin einige bedeutende Gebäude und Sehenswürdigkeiten zu nennen, an erster Stelle die *Clérigos-Kirche*. Eigenwillig wirkt der 75 m hohe Turm, der höchste Portugals, der etwas unmotiviert erscheint (Abb. 3). Die Igreja dos Clérigos ist eine Basilika und ein Werk des aus Florenz stammenden Baumeisters Nicolò Nasoni. Die Grundsteinlegung der Kirche, deren Barockstil infolge des verwendeten Granits schlicht wirkt, erfolgte 1732. In diesem Jahr kam Nasoni nach Portugal, wo er bis zu seinem Tode blieb. Der Turm, ein Wahrzeichen der Stadt, stammt aus dem Jahre 1748. Sein Durchmesser steht im umgekehrten Verhältnis zu seiner Höhe, was ihm ein minaretthaftes Aussehen verleiht. Man sollte nicht versäumen, ihn zu besteigen, da man von seiner Spitze aus eine herrliche Sicht über die Stadt und ihre Umgebung genießt. Der Grundriß der Kirche hat die Form einer Ellipse. Sehr schön ist die Fassade. Im Inneren der Basilika beachte man die prachtvollen vergoldeten Holzschnitzereien.

Eine ebenfalls prächtige Fassade besitzt die *Grilos-Kirche*, einer der ersten Barockbauten Portugals. Die Pläne stammen von Baltasar Alvares (1575–1624), der auch die Sé Nova in Coimbra entwarf. Zu seinen Verwandten einer späteren Generation zählt der Architekt Manuel Alvares, Miterbauer der Igreja da Misericórdia. Beim Bau dieser Kirche, besonders bei der Gestaltung der Fassade, wirkte auch Nicolò Nasoni mit, nach dessen Plänen u. a. das bischöfliche Palais errichtet wurde, das heute als Stadthaus dient und dessen prächtige Marmorfenster und gemeißelte Portale von den Leistungen nordportugiesischer Meister Zeugnis ablegen. Man werfe auch einen Blick ins Innere des Palais und betrachte besonders die wundervolle Prunktreppe.

Auf ein Gemälde in der Misericórdia-Kirche sei mit Nachdruck hingewiesen. Es handelt sich um das berühmte Bild *Fons Vitae*, eine Arbeit des niederländischen Malers Bernaert van Orley, der um 1490 in Brüssel geboren wurde und in Rom Raffaels Schüler war. Er arbeitete vor allem für den europäischen Hochadel und war längere Zeit Hofmaler Kaiser Karls V. (1519–1556). Werke von ihm befinden sich u. a. in den

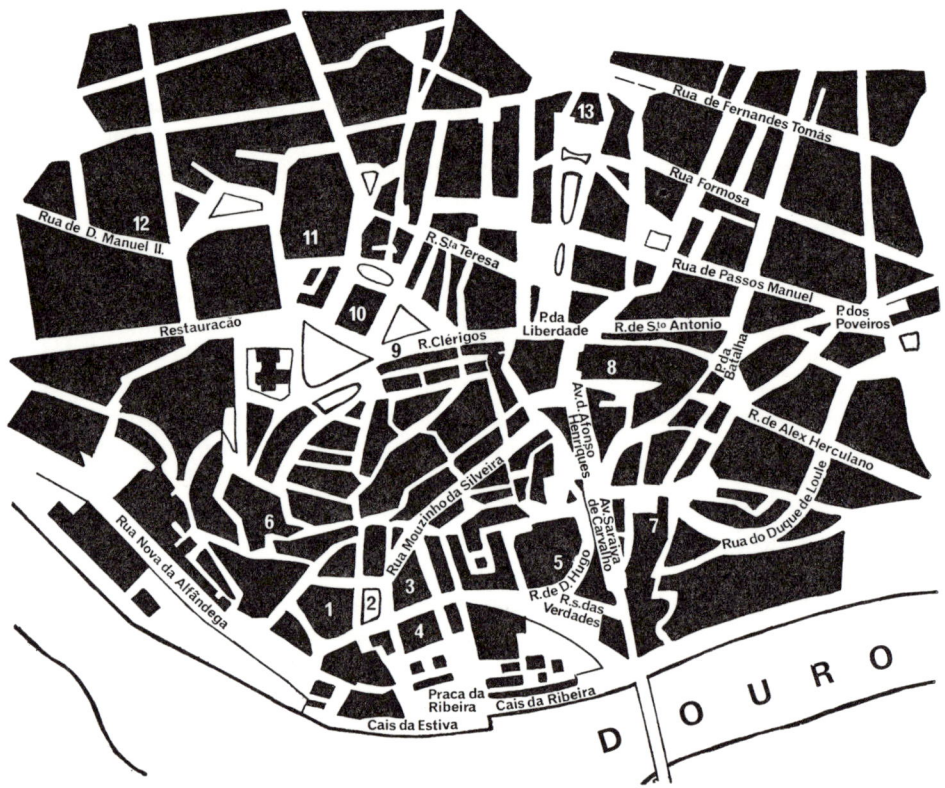

Stadtplan von Porto 1 Börse 2 Statue des Infanten Dom Henrique 3 São Francisco-Kirche 4 Dom Henrique-Haus 5 Kathedrale 6 Ethnographisches Museum 7 Santa Clara-Kirche 8 Bahnhof S. Bento 9 Clérigos-Kirche 10 Universität 11 Carmo und Carmelitas-Kirche 12 Nationalmuseum Soares dos Reis 13 Rathaus

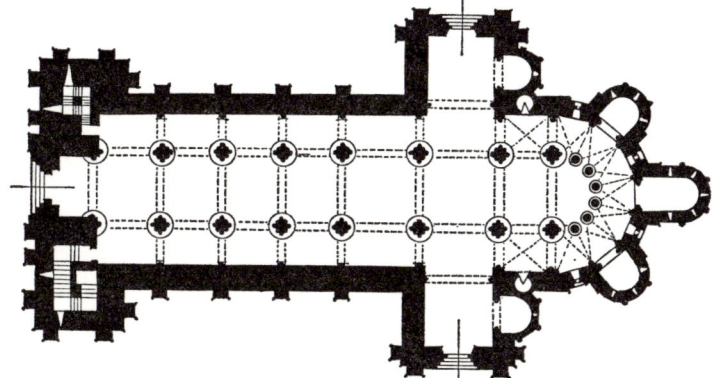

Porto, Grundriß der
Kathedrale

Museen von Wien, Brüssel und Antwerpen. Es sei auch auf seinen Flügelaltar in der
Marienkirche zu Lübeck hingewiesen, auf dem die Verehrung der heiligen Dreifaltig-
keit dargestellt ist.

Wer besonders schöne Azulejos sehen möchte, besuche die im portugiesischen Barock
erbaute Karmeliterkirche der ›Terceiros do Carmo‹, die in elfjähriger Bauzeit zwischen
1756 und 1767 errichtet wurde. Sie zeigt Einflüsse Nasonis; ihr Erbauer, José Figueiredo de Seixas, war ein Schüler dieses Meisters.

Die Hauptkirche Portos ist die *Kathedrale (Sé);* sie liegt im ältesten Teil der
Stadt. Da sie mehrmals, vor allem im 17. und 18. Jahrhundert, umgebaut wurde, ist
ihr ursprünglich romanischer Stil nur noch in einigen Resten erhalten, im Gegensatz
zur Igreja de Cedofeita – eigentlich der ›rasch gebauten‹ –, die 1120 errichtet wurde,
aufgrund unbestätigter Berichte jedoch auf eine Gründung aus dem 6. Jahrhundert
zurückgehen soll. Falls das zutrifft, wäre diese Kirche die älteste auf der Pyrenäenhalbinsel. In der Kathedrale erscheint die Romanik noch in den beiden Türmen. Ihre
Wucht wird aber durch die in späterer Zeit hinzugefügten kuppelartigen Aufbauten
stark gemildert. Die Rosette zwischen den Türmen über dem Hauptportal, einer Arbeit
des 18. Jahrhunderts, stammt ebenfalls aus der romanischen Epoche. Das gleiche gilt
für die Sakristei. Das Innere der Sé wirkt düster. Die dreischiffige Kirche hat wenig
Schmuckwerk. Sehenswert ist das Tabernakel in der Sakramentskapelle. Dieses, wie
auch der Altar und seine Rückwand, ist aus massivem Silber. Schöne Schnitzarbeiten
im Renaissance- und Barockstil zeigen Chorgestühl und Kanzel. Der gotische Kreuzgang aus dem 14. Jahrhundert hat, wie viele andere Sakralbauten Portugals, eine
wundervolle Azulejo-Verkleidung. Die Kacheln zeigen Bilder aus dem ›canticum
canticorum‹, der Sammlung jüdischer Hochzeitslieder, die auf König Salomon zurück-
geführt werden, ferner Ausschnitte aus den ›Metamorphosen‹ des römischen Dichters
Ovid. Die Azulejos aus der Zeit des portugiesischen Späthumanismus (16. Jahrhundert),
als man sich intensiv mit den Schriften und den Dichtern der griechischen und römischen Antike auseinandersetzte, sind besonders schön.

Eines der sehenswertesten sakralen Bauwerke Portos ist die *Franziskus-Kirche* (São Francisco) aus dem ersten Drittel des 13. Jahrhunderts. Sie erfuhr verschiedene Umbauten, vor allem im 18. Jahrhundert. Sehr schön sind die vergoldeten Holzschnitzereien vom Ende des 17. Jahrhunderts. Diese ›Talha Dorada‹ genannten Verzierungen gehören zu den üppigsten ihrer Art; im Schein der Lampen machen sie einen märchenhaften Eindruck. In der Igreja de São Francisco wird heute kein Gottesdienst mehr abgehalten.

Wer eine ähnlich prächtige Ausschmückung sehen möchte, besuche die *Santa Clara-Kirche*, die zum gleichnamigen Kloster gehört. Das Innere birgt Elemente fast aller Stile, darunter großartige vergoldete Holzschnitzereien und Azulejos im Chor (Abb. 4). Das Bauwerk stammt aus dem frühen 15. Jahrhundert, erfuhr aber im 16. Jahrhundert einige Änderungen. Beachtenswert sind die beiden Taufbecken, davon eines im gotischen, das andere im Stil der Renaissance. Das letztere ist ein Meisterwerk aus der ersten Hälfte des 16. Jahrhunderts.

Porto besitzt auch einige interessante Profanbauwerke. Das bekannteste ist die zweistöckige Brücke Dom Luis I., eine technische Konstruktion ohne ästhetischen Reiz. Ihr Erbauer ist Alexander Gustave Eiffel, der den Eiffelturm in Paris schuf. Die 64 m hohe und 172 m lange Brücke wurde 1885 vollendet. Die untere Fahrbahn befindet sich 10 m, die obere 60 m über dem Fluß. Die weite Aussicht läßt einen Gang über die Brücke lohnend erscheinen.

Kunstgeschichtlich bemerkenswert ist die Börse, ein palastähnlicher Bau aus dem Jahr 1844 mit einer neo-klassizistischen Fassade. Im Innern ist der ›Maurische Saal‹ besonders hervorzuheben. Prunkstücke sind die Treppe sowie das Treppenhaus mit Fresken des portugiesischen Malers und Bildhauers Soares dos Reis. Der Künstler gehört zu den wenigen Portugals, die auch im Ausland bekannt geworden sind. Sein vielleicht bedeutendstes Werk ist die Büste der Elisa Leech, berühmt unter dem Namen *Die Engländerin*. Soares dos Reis starb 1889 im Alter von nur 42 Jahren.

Der Kunstfreund wird nicht versäumen, das Nationalmuseum ›Soares dos Reis‹ zu besuchen, das im ehemaligen ›Palácio das Carrancas‹ untergebracht ist. Im Palast wohnte Wellington, als er Portugal von den Franzosen befreite. Das Gebäude stammt aus dem 18. Jahrhundert und enthält heute eine der wertvollsten Sammlungen des Landes. Berühmt, auch über die Landesgrenzen hinaus, sind die ausgestellten Objekte der Frühzeit. Beachtlich ist die große Zahl wichtiger Gemälde und Skulpturen portugiesischer Künstler. Aus der neueren Zeit zu nennen sind Posao, Silva Porto und natürlich der Namensgeber des Museums, Soares dos Reis, der mit vielen Werken vertreten ist. Auch die ›Primitiven‹ fehlen nicht, Maler des 15. und 16. Jahrhunderts, die als ›Primitivos Portugueses‹ eine ganze Epoche geprägt haben. Die bekanntesten, im Museum vertretenen sind: Cristovão de Figueiredo, Frei Carlos, Gaspar Vaz und Vasco Fernandes. Man sollte auch einen Blick auf die Sammlung wundervoller Fayencen werfen. Von der Meisterschaft portugiesischer Künstler zeugen die prächtigen Goldschmiedearbeiten. Das Museum zeigt aber nicht nur Werke von Portugiesen oder solchen Künstlern, die in engem Kontakt mit Portugal standen, auch das Ausland ist mit einer Reihe von Werken repräsentiert. Auf zwei Gemälde von François Clouet (1510–1572) sei besonders hingewiesen, das Bildnis der *Margerite Valois* und das des französischen *Königs Heinrich II.* Beide Bilder stammen aus dem frühen 16. Jahrhundert. Clouet stand als ›peintre ordinaire du roi‹ in den Diensten der Könige Franz I., Franz II. und Karl IX. Sein Stil steht dem niederländischen nahe.

Der portugiesische Dichter Guerra Junqueiro war bekannt als leidenschaftlicher Sammler von kostbaren Porzellanen, von Gläsern, Waffen und anderen wertvollen Objekten. Wer sich für die ausgesuchten Stücke interessiert, wird den Besuch des ›Museu Guerra Junqueiro‹, das in einem Patrizierhaus aus dem 17. Jahrhundert eingerichtet ist und in der Nähe der Kathedrale liegt, nicht bereuen.

Die Bestände der ›Biblioteca Publica Municipal‹ zählen zu den wichtigsten und umfangreichsten des Landes. Sie umfassen mehr als eine Million Bücher und kostbare Manuskripte. Wichtige Dokumente zur Erforschung der Landes- und Stadtgeschichte befinden sich in dem ›Gabinete Histórico da Cidade‹, einem der größten historischen Archive Portugals.

Auf der linken Seite des Douro-Flusses liegt die Ortschaft *Vila Nova da Gaia*, in der sich die Lagerhallen der Portwein-Firmen befinden. Der Rebenanbau hat in Portugal Tradition, doch sind bei uns nur wenige Sorten erhältlich, vor allem der berühmte Portwein. Der Weinliebhaber wird von den im Lande selbst verkauften Sorten, die auch nur für den Inlandmarkt bestimmt sind, enttäuscht sein. Die meisten Weine kommen in unausgereiftem Zustand auf den Markt und schmecken dementsprechend. Die Produktionsmethoden sind oft noch mittelalterlich; in großen, von Ochsen gezogenen Karren werden die Trauben zum Lager gebracht und dort mit den Füßen zerstampft,

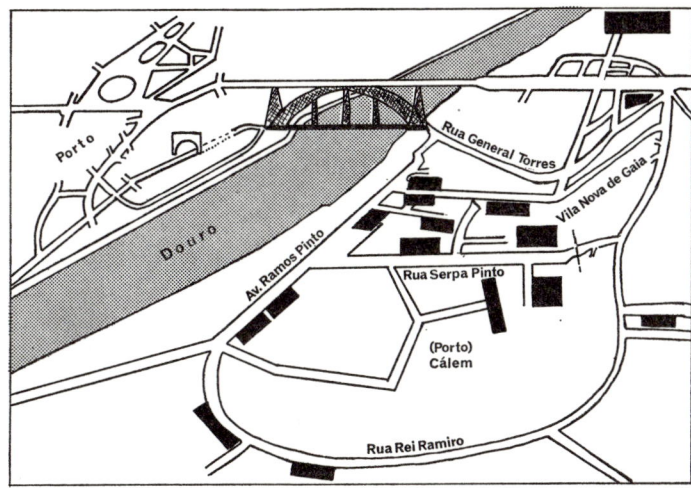

Die Portwein-Seite
von Porto

wobei eine Gruppe von Arbeitern, in Trab gehalten von Trommel und Harmonika, sich stundenlang im Kreis bewegt.

Eines der wichtigsten Importländer des Portweins ist England. Dies hat einen geschichtlichen Hintergrund. 1688 kam Wilhelm von Oranien auf den englischen Thron, nachdem sein Widersacher Jakob II. in der sog. ›Glorreichen Revolution‹ an den Hof Ludwigs XIV. geflohen war. In seiner Wut über die Aufnahme Jakobs in Frankreich suchte Wilhelm sich an dem Land durch Schädigung seiner Wirtschaft zu rächen. Da Frankreich zu jener Zeit viel Wein nach England ausführte, schloß der Oranier den englischen Markt nahezu vollständig für französische Importe, indem er diese mit sehr hohen Steuern belegte. Um aber seine Untertanen nicht zu verärgern, schloß er durch seinen Gesandten, den Baron Methuen, im Jahre 1703 einen Vertrag mit Portugal. Der Einfuhrzoll für portugiesische Weine wurde um ein Drittel niedriger angesetzt als jener für Weine aus Frankreich. Portugal öffnete seinerseits seinen Markt für Wollwaren aus England. Diese als ›Methuen-Vertrag‹ in die Geschichte eingegangene Vereinbarung brachte allerdings England größere Vorteile als Portugal, das durch diesen erst 1836 aufgehobenen Vertrag in wirtschaftliche Abhängigkeit von England geriet.

Povoa de Varzim und Vila do Conde

Nahe bei Porto befinden sich sehr schöne Strände, von denen besonders die von Povoa de Varzim und Vila do Conde erwähnt seien. Von großem Reiz sind die Fischerviertel, in denen der Alltag noch von alten Bräuchen bestimmt wird. Manuelinische Kunst ist in der Kirche des Klosters Santa Clara in *Vila do Conde* zu bewundern. Der Bau aus dem 14. Jahrhundert ist nahezu unverändert erhalten. Beachtenswert sind die Renaissancegrabmäler der Gründer.

Besonders in den kleineren Orten um Porto begegnet man an Sonntagen und bei festlichen Gelegenheiten den Bewohnern in ihrer traditionellen Kleidung. Bei den Frauen fällt der reiche Filigran-Schmuck auf, der besonders für die Bäuerinnen im Nordwesten des Landes typisch ist. Medaillons, Herzen, Kreuze und andere Schmuckstücke, oft von beachtlichem Ausmaß, werden an fein gearbeiteten Kettchen um den Hals getragen. Das Material ist Gold und Silber. Wahrscheinlich wurde diese Kunstform von den Arabern übernommen, die ihrerseits von antiken Vorbildern beeinflußt waren. Filigranschmuck, besonders in Form von Ohrgehängen, war schon bei den Griechen, den Etruskern und den Kelten sehr beliebt; auch die Römer und die Byzantiner schmückten ihre Frauen mit den aus gebogenem und gelötetem Gold- und Silberdraht hergestellten Kostbarkeiten. Von einer eigenständigen Filigrankunst kann man in Portugal erst im 18. Jahrhundert sprechen, im Gegensatz zu Italien oder auch zu Ungarn, wo sie bereits im 16. und 17. Jahrhundert in hoher Blüte stand. Heute konzentriert sich die Herstellung von Filigranschmuck auf zwei Zentren im Norden Portugals, Travassos und Gondomar, sowie auf die ehemalige Provinz Minho im Nord-

Filigranarbeit, Segelschiff der Entdecker

westen des Landes, die ihren Namen von dem Fluß hat, der zugleich einen Teil der Nordgrenze bildet. In diesem Gebiet lebt die Volkskunst im besten Sinne des Wortes bis zum heutigen Tag. Die Motive der Filigranschmuckstücke variieren von einem Handwerker zum anderen. Die meisten Werkstätten sind reine Familienbetriebe, die ihren Formenschatz von einer Generation an die nächste weitergeben. In den Juwelier- und Silbergeschäften Portos und Lissabons trifft der Besucher besonders häufig auf Darstellungen alter Segelschiffe. Diese Filigranarbeiten werden in großer Zahl auf dem einheimischen Markt zum Kauf angeboten. Die Vorbilder sind die Caravellen, mit denen die Entdecker im 16. Jahrhundert in die Welt hinausgesegelt sind. Oft sind die Segel besonders fein herausgearbeitet. Ein anderes beliebtes Motiv ist das ›barco rabelo‹: Boote, mit denen der Wein den Douro hinunter nach Porto gebracht wird. In den letzten Jahren sind die Filigran-Künstler dazu übergegangen, auch modernen Schmuck herzustellen, der heute ein wichtiger Exportartikel ist und dem Land jährlich einige Millionen Escudos einbringt. Wer sich besonders für alte Arbeiten interessiert, betrachte in den großen Bibliotheken Portugals die Bucheinbände des 16. und 17. Jahrhunderts, die oft Filigranarbeiten aufweisen. Viele davon gehören zu dem Schönsten, was diese Kunstform zu bieten hat. Wer auf der Suche nach einem Andenken ist, der sollte sich überlegen, ob nicht ein Filigranschmuckstück oder ein Gegenstand aus getriebenem Silber dazu geeignet ist, die Erinnerung an den Portugal-Besuch wach zu halten.

Wappen der Stadt Guimarães

Guimarães

Die Straßen um Porto sind in sehr gutem Zustand; die wichtigsten Orte des Nordens lassen sich ohne Mühe schnell von hier aus erreichen. In etwas mehr als einer Stunde gelangt man in die ca. 70 km entfernte Stadt Braga, neben Porto und Bragança ein kulturelles Zentrum im Norden Portugals. Die interessantere Strecke führt über die Stadt Guimarães, die für die Geschichte des Landes von großer Bedeutung ist. Hier

Stadtplan von Guimarães

Kapelle São Miguel
do Castelo,
Guimarães

wurde Afonso I., Portugals erster König, geboren. Unter den zahlreichen Sehenswürdigkeiten des geschäftigen malerischen Ortes mit seinen Webereien und Schmiede-
werkstätten ist die wichtigste das *Kastell* aus dem 10. Jahrhundert (Abb. 5, 6). Der
Bau wurde unter der Herrschaft der Mauren begonnen, aber erst vollendet, nachdem
die nördlichen Gebiete des Landes von christlichen Herrschern zurückerobert waren.
Trotz wiederholter Restauration ist die ursprüngliche Anlage mit normannischen Einflüssen erhalten geblieben. Im Grundriß ist die Burg den natürlichen Gegebenheiten angepaßt. Die als Dreieck angelegten Mauern werden von zinnengekrönten, ungleich
hohen quadratischen Türmen flankiert; die Anlage ist eine der bedeutendsten Portugals. Nahe der Burg steht die kleine romanische Kapelle *S. Miguel do Castelo,* in schlich-
ter, geradliniger Bauweise errichtet. Guimarães, die erste Hauptstadt des Landes, ist
heute Zentrum der portugiesischen Leinenweberei und zählt etwa 20 000 Einwohner.
Die wechselvolle Geschichte der Stadt, die unter der Königin Maria II. im Jahre 1853

Palast der Herzöge von Bragança und Guimarães

die Stadtrechte erhielt, drückt sich in interessanten Bauwerken aus. Zu den wichtigsten zählt der Palast der Familie der Bragança, ein Bauwerk des frühen 15. Jahrhunderts südöstlich vom Kastell. Der *Paço dos Duques,* der erst vor wenigen Jahren renoviert wurde, ist ein Werk des portugiesischen Baumeisters Anton und kann z. T. besichtigt werden; der Besuch lohnt sich. Das Bauwerk ist der Gotik zuzuordnen, doch weist es verschiedenartige Stilelemente auf, die nordeuropäische Einflüsse verraten. Sehenswert ist auch die Stadtkirche, die ›Colegiada de Nossa Senhora da Oliveira‹, die zu den ältesten Kirchen des Landes gehört. Ihre Gründung reicht ins 10. Jahrhundert zurück und ist mit dem Namen der galizischen Gräfin Mumadona verbunden, die bald nach dem Einbruch normannischer Krieger im Jahr 996 eine Benediktiner-Abtei gründete. Die Kirche war ehemals ein Teil dieses Klosters. Sie wurde im Laufe der Jahrhunderte oft verändert, vom lateinisch-byzantinischen Stil des 10. Jahrhunderts bis zur Neuklassik des vergangenen Jahrhunderts findet man alle typischen Merkmale. Aus der Zeit des Grafen Heinrich von Burgund um 1100 sind die königliche Kapelle und der Kreuzgang im romanischen Stil erhalten. In den ehemaligen Klostergebäuden ist das ›Museu Regional de Alberto Sampaio‹ beherbergt, dessen Schätze zum größten Teil dem sakralen Bereich entstammen. Wer sich für Zeugnisse aus der Frühgeschichte Portugals interessiert, findet solche im ›Museu da Sociedade Martins Sarmento‹ im früheren Kloster São Domingo. Die vorrömische Zeit ist besonders gut vertreten; erwähnt seien die Funde der alten Siedlungen Sabrosa und Briteiros. Neben Glaswaren und Keramiken befinden sich dort kunsthandwerkliche Gegenstände aus Eisen und Bronze.

Braga

›Roma Portuguesa‹ oder auch ›Cidade dos Arcebispos‹ nennen die Einwohner von Braga mit Stolz ihre Stadt. Der Kontrast von Alt und Neu gibt Braga seinen besonderen Reiz. Die Mauern der Altstadt stammen z. T. noch aus dem 15. Jahrhundert. Wahrscheinlich ist Braga eine Gründung von Gallo-Kelten, die sich selbst als ›bracaros‹ bezeichneten, wovon die Stadt ihren Namen hat. Im 5. Jahrhundert war sie die Hauptstadt des suebischen Galiciens. Hier wurde 530 ein Konzil abgehalten, auf dem die Sueben, welche Arianer waren, zum katholischen Christentum übertraten. Schon die Römer hatten hier um 250 ein Militärlager errichtet, ›Bracara Augusta‹, an dem mehrere Verbindungswege zusammentrafen. Interessant ist die große Anzahl römischer Meilensteine, die man noch in dieser Gegend antrifft.

175 Jahre lang war die Stadt im Besitz der Sueben, bevor diese 585 von den Westgoten abgelöst wurden, die 715 den Mauren weichen mußten. Die Stadt kam 785 unter die Herrschaft von Almansor oder Mohammed ibn Abi Amir, dem späteren Kalifen von Córdoba. 1040 gelang es den Kastiliern unter König Ferdinand I., sie den Mohammedanern zu entreißen. Bald darauf, 1093, nachdem die Grafschaft Portugal entstanden war, ging die Stadt an das Haus Burgund über. Seit jener Zeit ist Braga ein religiöses

Wappen der Stadt Braga

Zentrum Portugals und Sitz eines Erzbischofs, der zugleich Primas von Portugal ist. Mit der religiösen war lange Zeit auch eine politische Vormachtstellung verbunden, was, kunstgeschichtlich betrachtet, in einer großen Anzahl bedeutender Bauwerke in Erscheinung tritt. Bis ins hohe Mittelalter hinein bestimmten die Bischöfe und hohen Geistlichen mit ihren Formvorstellungen die Architektur der Stadt. Aber auch die portugiesischen Herrscher ließen zahlreiche Bauten ausführen, denn Braga war bis zur Eroberung Coimbras und Lissabons im Jahre 1147 Residenzstadt.

Das bedeutendste Bauwerk ist die *Kathedrale* (Sé; Abb. 7), die mit ihrem Doppelturm auf das 9. Jahrhundert zurückgeht. Die heutige Kirche stammt jedoch aus dem 12. Jahrhundert und wurde von Dom Henrique und Dona Teresa gegründet, deren Grabmäler sich in einer der Nebenkapellen, der ›Capela dos Reis‹, befinden. Die Kathedrale ist in ihrem Stil nicht einheitlich, vielmehr zeigt sie einen Querschnitt nahezu aller in Portugal vorhandenen Richtungen bis ins 18. Jahrhundert hinein. Daß die Kirche ursprünglich ein romanischer Bau war, ist noch an den Bogen des Hauptportals und an dem Südportal, der ›Porta do Sol‹, zu erkennen. Auch das Querschiff sowie Teile des Kreuzganges sind unverkennbar romanischen Ursprungs. Gotisch dagegen sind der Vorbau der Kathedrale und die Hauptkapelle; beide stammen aus dem 15. Jahrhundert. Sehr schön ist der manuelinisch gehaltene Taufstein des 16. Jahrhunderts. Überhaupt zeigt die Kathedrale im Innern starke Anlehnung an den Manuel-Stil. Besonders prächtig sind das Chorgestühl und die Orgel aus dem 18. Jahrhundert, deren Schnitzereien zu den schönsten des Landes gehören. An der Außenseite des Baues hinter dem Chor findet sich eine berühmte Madonnenstatue, die sogenannte ›Nossa Senhora do Leite‹, die ›Stillende Jungfrau‹. Die unter einem Spitzenbaldachin angebrachte Skulptur soll eine Arbeit von Nicolas Chanterène (16. Jahrhundert) sein. Außer der Besichtigung der bereits erwähnten Königskapelle im gotischen Stil ist ein Rundgang durch die ›Capela da Glória‹, die Ruhmeskapelle, lohnenswert. Sie stammt aus dem Jahr 1330 und hat wunderbare Fresken in dem eigenartigen Mischstil aus maurischem und gotischem Formempfinden, der in der Kunstgeschichte als ›Mudejar-Stil‹ oder auch als ›Mozarabischer Stil‹ bezeichnet wird. Sehenswert ist der Sarkophag ihres Stifters, des Erzbischofs Gonçalo Pereira. Der Hauptaltar der Kapelle der ›Nossa Senhora da Piedade‹ ist eine Arbeit der Renaissance. Die Kapelle selbst geht auf einen der großen Bauherren Bragas zurück, auf den Prälaten Diogo do Sousa.

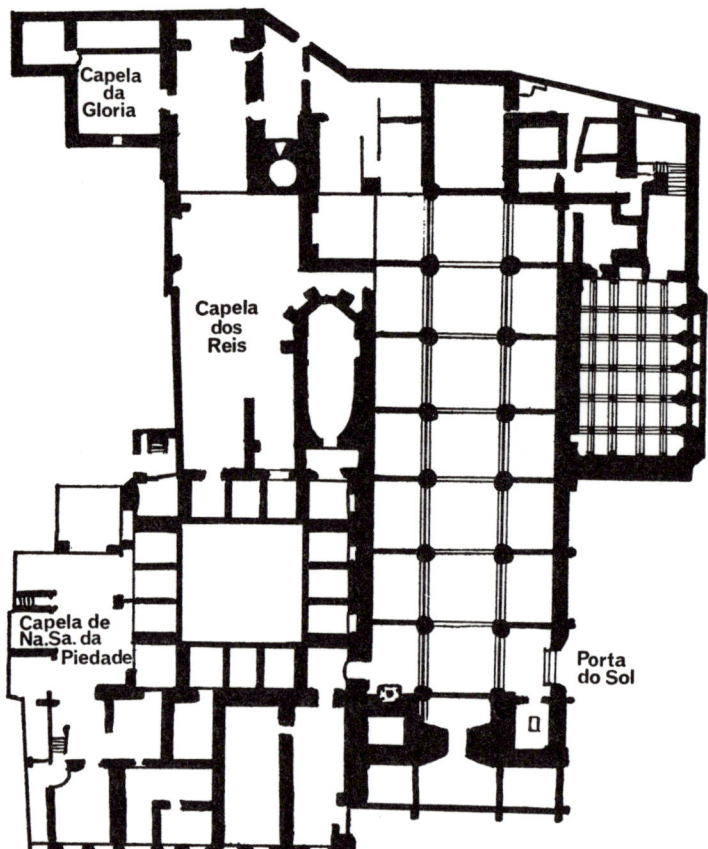

Braga, Grundriß der
Kathedrale

Dem Freund sakraler Kunst sei ein Besuch des Museums neben der Kathedrale empfohlen. Viele der wertvollen Schätze stammen aus der Zeit, als Angehörige des Hochadels Priester und Fürsten zugleich waren.

Ein Abbild vom Glanz jener Tage gibt der Palast des Erzbischofs, der ›Paço dos Arcebispos‹; heute befindet sich in dem großen Gebäudekomplex die Volksbibliothek, die mit ihren 120 000 Bänden und mehr als 10 000 wertvollen Manuskripten zu den bedeutendsten Bibliotheken Portugals zählt. Die älteste Handschrift datiert aus dem Jahre 835 und war für Alfons III. von Asturien bestimmt. In ihr sind die Grenzen der Stadt Braga festgelegt. Außerdem befindet sich unter den wertvollen Manuskripten eine Gründungsakte des Königreichs Portugal aus dem Jahr 1128 sowie das Testament des Königs Diniz vom 18. Januar 1299; es ist in portugiesischer Sprache abgefaßt. Neben der Bibliothek ist hier auch das Stadtarchiv, ›Arquivo Distrital‹, untergebracht, eine wichtige Fundgrube für Kirchenhistoriker. Der gotische Flügel aus dem 14. Jahrhundert geht auf den Erzbischof Gonçalo Pereira und auf seinen Amtsbruder Fernando da Guerra zurück. Andere Teile stammen aus dem 17. sowie dem 18. Jahrhundert. Sie verdanken ihre Entstehung der Baufreudigkeit der Erzbischöfe Frei Agostinho de Jesús und José de Bragança. Sehr schön sind die Fassaden, von denen die des 18. Jahrhunderts im Barock-Stil gehalten ist.

Eine Barockfassade hat auch das Rathaus; sie ist eine Arbeit des Baumeisters André Soares. Über dem Hauptportal befindet sich eine beachtenswerte Madonnenstatue, die ›Nossa Senhora do Livramento‹. Wer sich für die Geschichte der Stadt Braga interessiert, betrachte die Gemälde im Sitzungssaal des Rathauses; die Bilder zeigen Themen vergangener Zeiten.

Braga ist eine Stadt der Brunnen. Der älteste, ›Fonte do Idolo‹, mit Figuren und Inschriften in Granit geschmückt, stammt aus vorrömischer Zeit. Er steht an der Rua do Raio. In derselben Straße befindet sich ein Wohnpalast aus dem 18. Jahrhundert, die ›Casa do Mexicano‹ oder auch ›Palacete do Raio‹, eines der großartigsten Beispiele für die Kunst des Rokoko in Portugal. Der schönste Brunnen ist der ›Fonte do Pelicano‹ aus dem 18. Jahrhundert an der Praça do Município. Hervorzuheben ist auch der ›Fonte de Santa Bárabara‹ (17. Jahrhundert), der im gleichnamigen Garten, dem ›Jardim de Santa Bárabara‹ steht. Vor allem die Bischöfe der Stadt waren es, welche Braga diese Brunnen stifteten. Ein anderes Beispiel ist der ›Fonte do Campo das Hortas‹, den der Erzbischof Frei Agostinho de Jesús der Stadt im 16. Jahrhundert zum Geschenk machte. Als letzter sei noch der ›Chafariz do Largo do Paço‹ aus dem Jahr 1723 erwähnt, der seine Existenz dem Erzbischof Rodrigo de Moura Teles verdankt. Interessant sind seine eingemeißelten Wappen.

Zu den eigenartigsten Kirchen Portugals gehört die ›Capela de São Frutuoso‹ in Bragas Vorort *São Jerónimo Real*. Der Bau ist eines der wenigen Beispiele vorromani-

Braga, Grundriß der Kapelle São Frutuoso

Lageplan der
Heiligtümer bei
Braga

scher Architektur. Der Mitteltrakt und der Ostflügel stammen aus der zweiten Hälfte des 7. Jahrhunderts. Die anderen Teile der Kirche wurden im 11. Jahrhundert erneuert. Der byzantinische Einfluß, die Einbeziehung des griechischen Kreuzes mit den dazugehörenden vier Schiffen in den Bau, ist deutlich erkennbar. Die Kirche, die heute zum Kloster São Francisco gehört, geht auf eine Gründung eines der ersten Bischöfe von Braga, Frutuoso de Dume, zurück. Ihre teilweise Zerstörung rührt vermutlich von Maureneinfällen her.

Die Umgebung Bragas ist seit alter Zeit Ziel zahlreicher Pilgerfahrten. Die drei bekanntesten Stätten auf Bergen unweit der Stadt sind: *Santa Maria da Falperra* mit ihrer aus dem 18. Jahrhundert stammenden Barockkirche ›Santa Maria Madalena‹, einen Granitbau, den Erzbischof Rodrigo de Moura Teles errichten ließ. Ferner die Basilika ›Nossa Senhora‹ in dem kleinen Ort *Sameiro*, etwa 7 km von Braga entfernt. Das bekannteste Ziel ist *Bom Jesús do Monte*, das zugleich Kurort ist und über gute Hotels verfügt. Hervorstechendes Bauwerk des Städtchens ist die berühmte Wallfahrtskirche, die, im neuklassizistischen Stil erbaut, ein Werk des aus Braga stammenden Architekten Carlos Amarante ist (Abb. 8). Die Kirche, 1811 geweiht, liegt auf einem Plateau, zu dem zwei großzügig angelegte granitene Freitreppen aus dem 17. Jahrhundert hinaufführen. Das Plateau bildet den höchsten Punkt des Monte Espinho, der 400 m über dem Meeresspiegel liegt. Die Freitreppen werden von allegorischen Figuren und von Kapellen begleitet, die an den Leidensweg Jesu erinnern. Von der Kirche aus hat der Besucher eine wunderbare Aussicht in die weite Landschaft.

Ein anderes Kloster, ca. 6 km von Braga entfernt, sei nicht vergessen: das *Benediktinerkloster Tibães*. Unter seinen Schätzen befinden sich großartige vergoldete Holzstatuen. Besondere Aufmerksamkeit des romanischen Baus aus dem 11. Jahrhundert verdienen die Sakristei sowie der Kapitelsaal. Die Bedeutung des ›Conventos de Tibães‹ für die Kulturgeschichte Portugals liegt u. a. darin, daß er für lange Zeit das Mutterhaus der portugiesischen Benediktiner war. Aus diesem Grunde wurde das Kloster wiederholt umgebaut, vor allem während des 17. und 18. Jahrhunderts.

Die beiden bekannten vorrömischen, vermutlich bronzezeitlichen Siedlungen *Sabrosa* und *Briteiros* lassen sich von Braga aus leicht erreichen.

Viana do Castelo

Nordwestlich von Braga liegt an der Küste in nächster Umgebung der Mündung des Rio Lima, in der ehemaligen Provinz Minho, das Städtchen *Viana do Castelo*, ein besonderer Anziehungspunkt im Norden Portugals. Das Stadtbild mit einer großen Anzahl sehenswerter Bauwerke zählt zu den schönsten des Landes. In den Straßen und auf den Plätzen trifft man auf Gebäude aus Renaissance und Barock.

Viana do Castelo blickt auf eine lange Geschichte zurück; der Ort liegt in einem Gebiet, das seit frühester Zeit besiedelt war. Schon die Römer trafen hier auf eine bodenständige Zivilisation. Wie viele andere Orte an der Küste, so war auch Viana ursprünglich ein Fischerdorf. König Afonso III. aus der Dynastie der Burgunder (1248–1279) gab dem Städtchen den neuen Namen ›Viana‹ anstelle des römischen ›Atrium‹ (»in loco cui dicitur Atrium . . . cui populo de novo impone Viana . . .«).

Daß bereits die Römer Gefallen an Viana gefunden hatten, geht aus alten Dokumenten hervor, in denen der Ortsname den Zusatz ›pulchra‹ (die ›Schöne‹) trägt. Bedeutsam für die Stadt ist heute die Textilindustrie; auch das alte Handwerk der Spitzenklöppelei lebt noch weiter; jedoch meist in Heimarbeit. Am späten Nachmittag, wenn die Hitze des Tages nachläßt, begegnet man in den Nebenstraßen und in den umliegenden Dörfern Frauen und Mädchen bei der Stickerei. Die große Kunstfertigkeit in der Klöppelei zeigt sich in den Trachten, die zu den schönsten Portugals zählen.

Beispiel feiner Spitzenklöppelei-Arbeit aus Nordportugal

Der portugiesische Völkerkundler Ramalho Ortigão schreibt darüber: »Die Röcke sind aus Stoff oder Leinen; sie zeigen eine nahezu grenzenlose Vielfalt in bezug auf die selbst gewobene Wolle, die gemischt ist mit grobem Leinen oder grober Baumwolle. Weiße Litzen wechseln mit schwarzen, braunen oder blauen ab. Oder sie sind rot, gelb oder grau, eine enorme Vielfalt an Farben. Die Schürzen sind schmal und kurz und sind umgrenzt von gestickten Bändern, die kunstreich geschmückt sind und die Farben scharlachrot und preußischblau zeigen.«

Von den Bauten sei besonders auf die *Igreja de São Domingos* hingewiesen. Die Kirche stammt aus dem 16. Jahrhundert und gehört zu den beispielhaften Bauten im Renaissance-Stil. Man beachte das Grab des Erzbischofs von Braga, Frei Bartolomeu dos Màrtires. Von auserlesener Schönheit sind die vergoldeten Holzaltäre im rechten Kirchenschiff.

Die Pfarrkirche ›Igreja Matriz‹ ist gotisch und wurde im 15. Jahrhundert unter König João I. erbaut. Sie wird flankiert von zwei Türmen, typischen Wehrbauten. Interessant ist der Vorbau mit seinem Schmuck, der an die Spitzenklöppelei erinnert.

Ungewöhnlich ist die *Misericórdia-Kirche*. Sie stammt von dem portugiesischen Baumeister João Lopes-o-Moco und wurde in der zweiten Hälfte des 16. Jahrhunderts errichtet. An der Fassade im Renaissance-Stil fallen die durchbrochenen Loggien und Arkaden ins Auge, die dem Bau ein palastähnliches Aussehen verleihen. Im Inneren sind wertvolle Holzschnitzereien zu bewundern sowie dekorative Azulejo-Verkleidungen aus dem Jahr 1714, von Policarpo de Oliveira bemalt. Von den Profanbauten ist das gotische Rathaus zu nennen; es verdankt seine Errichtung König Manuel I., der sich gern in Viana do Castelo aufhielt. Die Praça da República, ein malerischer Platz, geht ebenfalls auf Manuel zurück, der prunkliebende König ließ ihn anlegen, um große Feste würdig feiern zu können. Das Rathaus wurde erst unter seinem Nachfolger, König João III., fertiggestellt, dessen Wappen am Bau angebracht ist.

Von den drei großen Palästen stammt der älteste, der ›Paço dos Tavoras‹, aus dem 16. Jahrhundert. Für die Geschichte Portugals ist er von Bedeutung, weil in ihm 1875 der spätere Diplomat und Staatsmann Luis António de Abreu e Lima geboren wurde. Sehenswert sind die ausgestellten Figuren. In der ersten Hälfte des 18. Jahrhunderts wurden die Paläste ›Barbosa Macieis‹ und ›Cunhas‹ errichtet. Der erstere beherbergt heute das Stadtmuseum. Auch abgesehen von seinen bedeutenden Ausstellungsobjekten, Bildern, Möbeln, alten Stichen und der mehrere tausend Stücke umfassenden Sammlung portugiesischer Töpferwaren und Porzellane ist der Palast einen Besuch wert.

Viana do Castelo ist eine Stadt der Wallfahrten. Deren Ziel ist die *Igreja da Agonia*, eine Kirche aus dem 18. Jahrhundert. Die Feierlichkeiten finden im August jeden Jahres statt, wobei auch die weltlichen Freuden nicht zu kurz kommen. Wie in manch anderen Orten ist die kirchliche Feier mit einer großen mehrtägigen Kirmes (Stierkämpfen, Markt, folkloristischen Veranstaltungen) verbunden.

Bevor wir Viana verlassen, sei noch auf einen der prächtigsten Brunnen Portugals aufmerksam gemacht, eine meisterhafte Arbeit des Steinmetzen und Bildhauers João

26 COIMBRA   Die Alt- oder Oberstadt, im Hintergrund die Sé Velha (Alte Kathedrale) aus dem 12. Jh., eine der bedeutendsten romanischen Kirchen Portugals

27 COIMBRA Der doppelstöckige Säulengang des Museums Machado de Castro, eines palastartigen Gebäudes aus dem 16. Jh.

28 CONIMBRIGA Römische Ruinen, antikes Heizungssystem

29 CONIMBRIGA Römische Mauerreste

30 CONIMBRIGA Ausgegrabene Säulen und Hausmauern aus der Zeit römischer Herrschaft
31 CONIMBRIGA Große Villa mit Atrium und Peristyl

32 CONIMBRIGA Römisches Mosaik, figürliche Darstellung

33 CONIMBRIGA Das heutige Condeixa hieß zur Zeit der römischen Besetzung Conimbriga. Zeugen au
dieser Zeit sind die künstlerisch gehaltenen Mosaiken ▷

34 TOMAR Die Südfassade des Christusritterklosters, manuelinischer Stil ▷

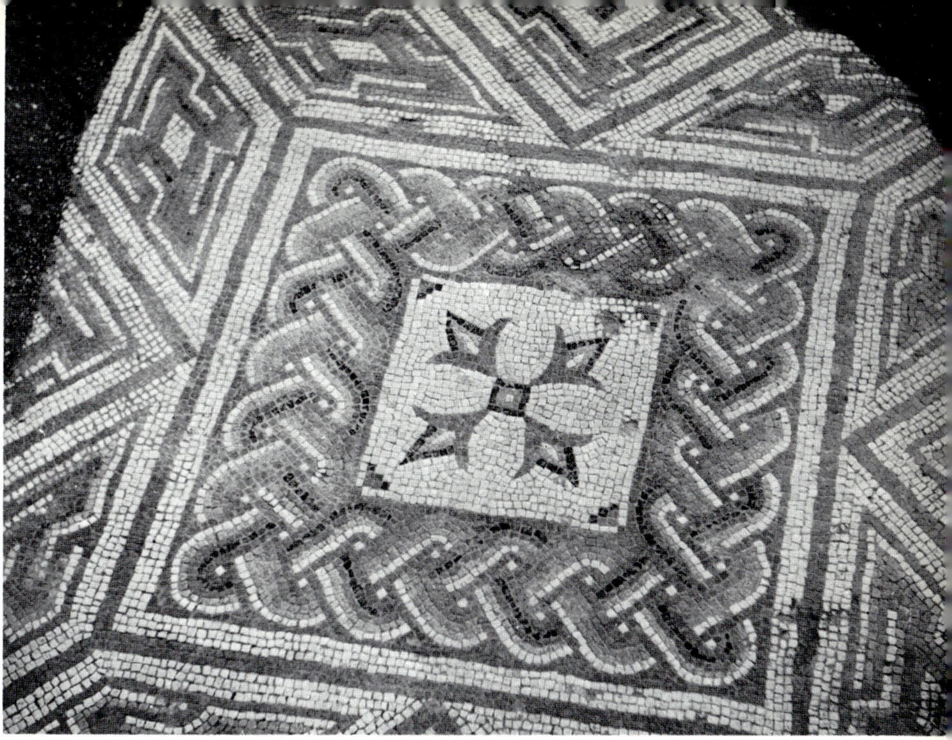

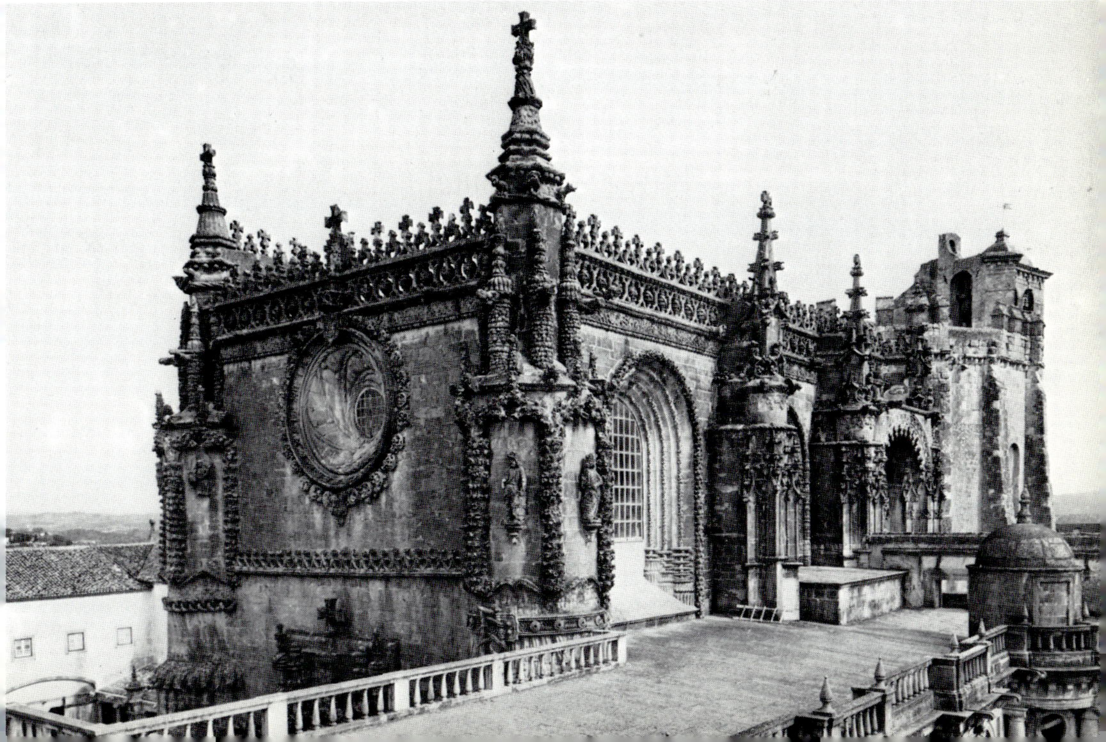

35 TOMAR Das Christusritterkloster, Portugals größte Klosteranlage, wurde zwischen dem 12. und dem 17. Jh. errichtet

36 TOMAR Das berühmte manuelinische Fenster im Kapitelsaal des Christusritterklosters ▷

38   TOMAR   Der Kapitelsaal des Christusritterklosters

◁ 37   TOMAR   Südportal des Christusritterklosters, ein sehr schönes Beispiel manuelinischer Baukunst

39 TOMAR   Das Kastell der Templer aus dem 12. Jh.

41 FÁTIMA   Die Basilika (20. Jh.) des weltberühmten Wallfahrtsortes ▷

40 FÁTIMA   Der riesige Platz vor der Basilika füllt sich an jedem 13. der Monate Mai bis Oktober mit Pilgern aus der gesamten katholischen Welt

42 BATALHA Das Kloster Santa Maria da Vitória, im Stil der Gotik errichtet, zählt zu den schönsten Anlagen seiner Art. Die Statue zeigt D. Nuno Pereira (1393–1423), den Sieger von Aljubarotta

43 BATALHA Das Hauptportal im gotischen Stil zeigt reichen Figurenschmuck

44 BATALHA Ein Glanzstück manuelinischer Architektur ist der königliche Kreuzgang, der ›Claustro Real‹; er vereinigt in geglückter Weise die Gotik mit der Manuelinik, die bereits Elemente der einsetzenden Renaissance erkennen läßt ▷

45 BATALHA Hauptschiff der Klosterkirche

46 BATALHA Die Gründerkapelle des Klosters, die ›Capela do Fundador‹, gehört zu den prächtigsten Bauwerken Portugals, sie wurde zwischen 1426 und 1434 erbaut; in der Mitte steht der Doppelsarkophag des Klostergründers João I. und seiner Gattin   ▷

47 BATALHA Die ›Capelas Imperfeitas‹, die ›Unvollendeten Kapellen‹, des Klosters stammen aus dem 15./16. Jh., Blick in den Innenraum des Oktogons

48 BATALHA Die ›Unvollendeten Kapellen‹, eines der prächtigsten Mausoleen des Abendlandes

49 BATALHA Die mit Filigranmustern verzierte Sternkuppel der Gründerkapelle

50 ALCOBAÇA Die Kirche der Zisterzienserabtei wurde im 12./13. Jh. erbaut ▷

Lopes-o-Velho aus der 2. Hälfte des 16. Jahrhunderts. Er befindet sich in der Mitte der ›Praça da República‹ und hat drei Becken.

Bragança

Im Norden der ehemaligen Provinz Trás-os-Montes, einem gebirgigen Gebiet, das seit Urzeiten besiedelt ist und in dem sich die portugiesische Seele wohl am eindrücklichsten und am wenigsten verfälscht zeigt, liegt die Stadt *Bragança*. Die Höhenzüge der Serra de Nogueira und der Serra de Mogadouro, deren höchste Erhebungen bei ca. 1400 m liegen, treffen hier zusammen. Bragança selbst liegt 670 m über dem Meeresspiegel. Im Mittelalter war die Stadt von großer strategischer Bedeutung, denn ihre Mauern galten als uneinnehmbar. Bei den Römern hieß die Siedlung ›Juliobriga‹. Bragança, ca. 250 km von Porto entfernt, ist als Stadtbild ganz besonders eindrucksvoll. Im Jahr 1187

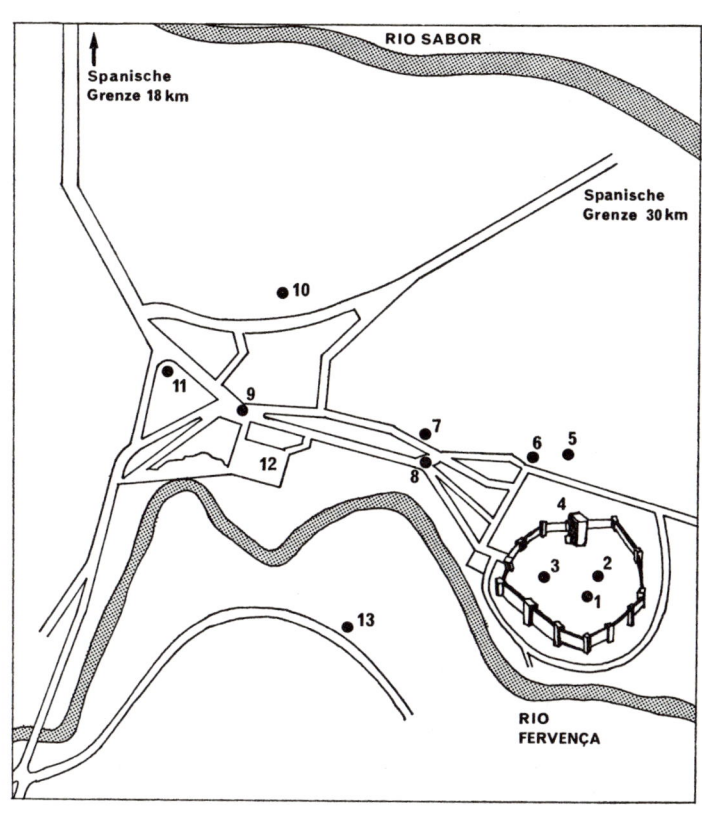

Stadtplan von
Bragança

 1 Domus
   Municipalis
 2 Kirche S. Maria
 3 Schandpfahl
 4 Torre de
   Menagem
 5 Kirche S.
   Francisco
 6 Kirche S. Bento
 7 Museum
 8 Largo S. Vicente
 9 Kathedrale
10 Krankenhaus
11 Post
12 Marktplatz
13 Pousada
   (staatl. Rasthaus)

Brangança, Domus
Municipalis

erhielt es durch König Sancho I. die Stadtrechte. Bevor wir auf die historische Bedeutung eingehen, betrachten wir die Stadt selbst. Alles überragt der obere ältere Stadtteil, die ›Vila‹. Imposant präsentiert sich das Schloß, die Stammburg der Herzöge und der späteren Dynastie der Bragança. Die Burganlage, weithin sichtbar, wird von einer doppelten Mauer umgeben, deren Wehrbarkeit durch 18 Türme unterstrichen ist. Das Stammschloß der Herzöge stammt aus dem 12. Jahrhundert, ist jedoch nur zum Teil erhalten. Einer der Türme, ›Torre de Menagem‹, der im 15. Jahrhundert angefügt wurde, ist von Sagen umwoben, so soll eine Prinzessin lange Zeit darin gefangen gehalten worden sein. Innerhalb der alten Mauern befinden sich die Igreja de Santa Maria, eine Kirche aus dem 16. Jahrhundert, sowie eines der interessantesten Rathäuser Portugals, ›Domus Municipalis‹, im romanischen Stil des 12. Jahrhunderts. Das Eigentümliche an diesem Gebäude ist sein Grundriß, ein Fünfeck, der dadurch zustande kam, daß der Bau aus Granit über einem unterirdischen Brunnen aus der Römerzeit errichtet wurde.

Die Häuser dieses ältesten Teils von Bragança fügen sich dem Stadtbild ein, sind aber kunstgeschichtlich nicht von Interesse; die meisten lassen auf Armut der Bewohner schließen. Hervorzuheben ist der ›Pelourinho‹, der Schandpfahl oder Pranger, innerhalb der Mauern. Aus Stein gemeißelt, zeigt er als Sockel ein Wildschwein aus iberischer Zeit. Das Vorhandensein eines Prangers deutet auf sehr früh empfangene Stadtrechte und Gerichtsbarkeit. Die modernen Viertel Braganças liegen außerhalb der zinnenbewehrten Mauern, unterhalb der Altstadt.

Auch Bragança hat eine Kathedrale, Sé, die Amtskirche des Bischofs von Miranda. Sie stammt aus der Renaissance; hervorzuheben sind Chor und Sakristei. Besuchenswert ist das Archäologische Museum, das ›Museu do Abade de Baçal‹, im neuen Teil der Stadt. Hier sind Zeugnisse aus allen Epochen der Besiedelung des nördlichen Portugal vertreten. Es bewahrt auch Gemälde einheimischer Künstler sowie Werke der Volkskunst.

Die kleine Stadt an der Nordgrenze zu Spanien, die heut ca. 8 500 Einwohner zählt, ging in die Geschichte Portugals ein. Die Herrscher, die das Land seit 1640 regierten und deren Dynastie mit König Manuel II. im Jahr 1910 zu Ende ging, waren Abkömmlinge des Hauses Bragança. Das Geschlecht geht auf Herzog Alfons I. zurück, der 1461 starb. Er war ein illegitimer Sohn des Königs João I., der seinerseits aus dem Hause Burgund stammte. Die Angehörigen des Hauses Aviz und andere mit den Braganças verwandte Adelsfamilien standen diesem Geschlecht immer mißtrauisch gegenüber, weil sie eine Einbuße ihrer Macht befürchteten, zumal das Haus Bragança über riesige Reichtümer verfügte. Den ersten Anlauf, die Regierung zu übernehmen, machten die Braganças, als Philipp II. sich anschickte, seine Herrschaft über Portugal auszudehnen. Doch der Spanier war stärker, der erste Versuch mißglückte. Erst nach Beendigung der spanischen Fremdherrschaft war dem Geschlecht mehr Glück beschieden. Im Jahr 1640 bestieg Herzog João von Bragança unter dem Namen João IV. (1640–1656) den portugiesischen Thron. Ein bedeutender Nachfahre des Hauses war Pedro I., der, 1798 geboren, am 12. Oktober 1822 zum Kaiser von Brasilien ausgerufen wurde. Die Herrschaft in diesem südamerikanischen Land wurde durch seinen einzigen Sohn, Pedro II., fortgeführt, der 1891 starb, zwei Jahre, nachdem er seinen Thron durch eine Militärrevolution verloren hatte. Mit dem Tode Pedros II. starb die männliche Linie des brasilianischen Zweiges aus. In Europa waren die Braganças mit zahlreichen Fürstenhäusern verwandt oder verschwägert, u. a. mit den Herzögen von Sachsen-Coburg und Hohenzollern-Sigmaringen, auch mit denen von Savoyen.

Chaves

Der Norden Portugals ist reich an landschaftlichen und kunstgeschichtlichen Höhepunkten. Auch die Stadt *Chaves*, westlich von Bragança gelegen, bietet ein Beispiel dafür. Bereits den Römern waren die Thermalquellen von ›Aquae Flaviae‹, wie sie den Ort nannten, bekannt. Aus jener Vergangenheit stammt auch die Brücke mit ihren sechzehn Rundbogen, die zum anderen Ufer des Tâmega-Flusses führt. Sie wurde unter der Regierung von Kaiser Trajan (98–117) gebaut. Chaves, überragt von der wehrhaften Burg der Herzöge von Bragança, zeigt noch heute ein geschlossenes Ortsbild. Einladend wirken die vielen Blumen, die dem Besucher überall entgegenleuchten. Doch ist Chaves weniger ein Ort für den internationalen Tourismus; der größte Prozentsatz an Fremden sind Portugiesen, von denen die Thermalbäder wegen ihrer heilenden Wirkung gern aufgesucht werden. Eine Besichtigung der Kirche *São João de Deus* mit ihrer schönen, aus Granit gearbeiteten Barockfassade lohnt sich. Beachtenswert ist ihr eigenwilliger achteckiger Grundriß. Schöne Azulejos und kostbare Ausschmückung zeigt auch eine andere Barockkirche, die *Igreja da Misericórdia;* sie wurde im 16. Jahrhundert errichtet, aber erst gegen das Ende des folgenden Jahrhunderts fertiggestellt.

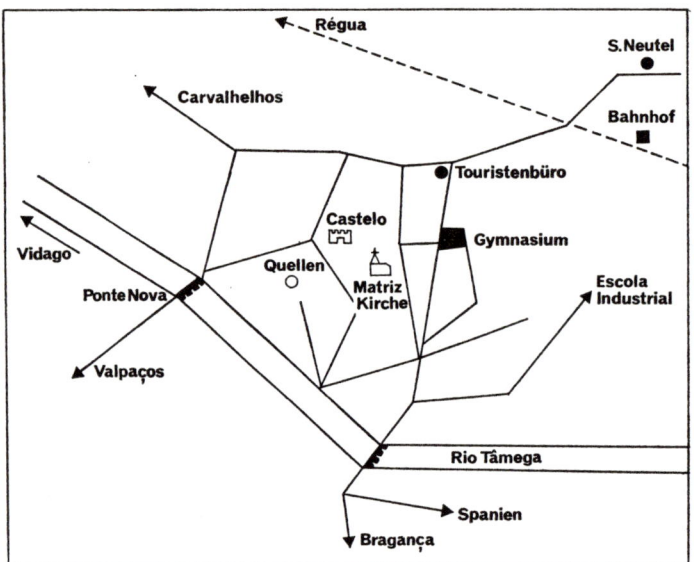

Stadtplan von Chaves

Vila Real

Lohnenswert ist die Fahrt von Chaves über Vila Real, Lamego nach Viseu. Diese drei Orte sollten auf einer Nord-Portugal-Route nicht versäumt werden. Die Entfernung von Chaves nach Vila Real beträgt nur ca. 70 km; fährt man gemütlich, so benötigt man nicht mehr als anderthalb Stunden. Der Ort ist ein ländliches Zentrum, umgeben von Weingärten und reichen Gutshöfen. *Vila Real* geht auf eine Gründung des Königs Diniz (Dionysius) aus dem Jahr 1288 zurück. Den aristokratischen Charakter hat die Stadt, die heute etwa 10 000 Einwohner zählt, nicht verloren. Die vielen palastähnlichen Häuser und Gebäude sind ein beredtes Zeugnis dafür. Der Weinanbau wird hauptsächlich von einigen adligen Familien betrieben. Der Ort mit seinen blumengeschmückten Fenstern und Straßen bietet ein sehr reizvolles Äußeres. Wer sich für Heraldik interessiert, findet viele Adelswappen an den Häusern, von denen ein großer Teil aus dem 16. und 17. Jahrhundert stammt. Auch ein berühmter Seefahrer wurde hier geboren: Diogo Cão, der um 1480 die Kongomündung entdeckte. Sein Geburtshaus (?) erinnert an italienische Renaissancebauten (Abb. 10). Das bedeutendste sakrale Bauwerk ist die ehemalige Klosterkirche und heutige Kathedrale São Domingo. Sie wurde zwischen dem 14. und dem 15. Jahrhundert errichtet, steht aber über einer älteren romanischen Anlage. Das zeigen einerseits Kapitelle und Tragpfeiler, andererseits aber auch die in der Kirche gefundenen romanischen Grabsteine. Interessant ist, daß die Zierformen der Kapitelle der Natur und dem alltäglichen Leben entnommen wurden. So sind z. B. Weintraube und das Rebenblatt oft vertreten.

Das schönste Profangebäude der Gegend befindet sich in dem ca. 3 km entfernten Dörfchen *Mateus*, eine ›Quinta‹ (Gutshaus), die mehr ein Schloß als eine Villa ist (Farbt. 1; Abb. 9). Sie gehört einer gräflichen Familie; das schöne Gebäude mit seinen an Minaretts erinnernden Türmchen stammt aus dem 18. Jahrhundert und ist im Stil des Sonnenkönigs Ludwig XIV. erbaut. Wenn sich seine Silhouette im Wasser spiegelt, erscheint es wie ein zu Stein gewordenes Märchen aus Tausendundeiner Nacht. Von hier stammt auch der berühmte und in alle Welt gelieferte Wein ›Mateus Rosé‹.

Lamego

Die Fahrt nach Viseu unterbrechen wir in *Lamego*, das in der ehemaligen Provinz Beira Alta liegt. Der Ort wird überragt von den Ruinen eines mächtigen Kastells. Die Anlage stammt aus der Zeit der Maurenherrschaft. Lamego war Sitz eines maurischen Herrschers und wurde erst 1038 zurückerobert. Später hatte es eine gewisse politische Bedeutung, da hier im Jahr 1143 die königliche Erbfolge gesetzlich geregelt wurde. Damals wurden auch die adligen Räte, die sogenannten ›Feudalcortés‹ eingesetzt, die in die Landesgeschichte als die ›Cortés von Lamego‹ eingingen. An dieser Übereinkunft wurde bis zum Jahr 1828 festgehalten. Lamegos *Kathedrale* – die Stadt ist Bischofssitz – hat drei Schiffe. Die Kirche wurde mehrfach umgebaut und verändert. Die ältesten Teile stammen aus dem 12. Jahrhundert, darunter der interessante Turm. In der Fassade überwiegen trotz mancher Änderungen die gotischen Elemente.

Auf zwei weitere Kirchen sei besonders aufmerksam gemacht: Die *Igreja do Desterro* und die *Igreja de Santa Cruz*. Die erstere, die Exil-Kirche, hat prächtige vergoldete Schnitzereien. Sie wurde 1640 von Balio de Leça gestiftet, an einer Stelle, an der zuvor eine Einsiedelei gestanden hat, die in den heutigen Bau eingefügt wurde. Von großem Kunstsinn zeugen im Innern die bemalten Azulejos aus dem 17. und 18. Jahrhundert. Die Kirche vom Heiligen Kreuz von 1596 ist ebenfalls im Innern reich mit Azulejos des 18. Jahrhunderts ausgeschmückt.

Ein kurzer Abstecher zur *Igreja de Balsemão* in einem kleinen Ort in der Nähe von Lamego lohnt sich. Es soll nämlich die älteste Kirche Portugals sein. Sie ist dem hl. Petrus geweiht und geht auf eine aus dem 7. Jahrhundert stammende westgotische Anlage zurück, die in der Mitte des 17. Jahrhunderts umgebaut wurde. Im Innern befindet sich das sehenswerte Grab des Bischofs Afonso Pires aus dem 14. Jahrhundert.

Ebenfalls außerhalb Lamegos, erreichbar über die Straße 226, liegen zwei bedeutende Klöster. In *Ferreirim* befindet sich ein Franziskanerkloster (Mosteiro de Ferreirim). Der Konvent wurde von Francisco Coutinho und Brites de Menezes 1525 gegründet. Im Innern sind acht wertvolle Bilder zu bewundern, Zeugnisse portugiesischer Malerei aus der ersten Hälfte des 16. Jahrhunderts. Die Werke stammen von den Meistern Gregório Lopes, Cristovão de Figueiredo und Garcia Fernandes. Das andere, ein Zister-zienserkloster aus dem frühen 13. Jahrhundert, liegt in *Salzedas* (Mosteiro de Salzedas). Im Laufe des 18. Jahrhunderts wurde es großenteils umgebaut. In der Kirche werden zwei Gemälde aufbewahrt, die der bedeutende Vasco Fernandes gemalt haben soll.

Weithin berühmt ist die nur 2 km von Lamego gelegene Wallfahrtskirche *Nossa Senhora dos Remédios*, die ›Kirche unserer Lieben Frau der Hilfe‹ (Abb. 11, 12). Sie liegt prächtig auf dem Plateau des Monte São Estevão; man erreicht sie über eine großzügige Treppenanlage, die mit ihren Figuren und Brunnen an jene von Bom Jesús do Monte bei Braga erinnert. Die ›Nossa Senhora dos Remédios‹ hat überregionale Bedeutung, aus weit entlegenen Landstrichen Portugals pilgern die Gläubigen hierhin. Die Kirche, die zwischen 1750 und 1761 entstand, gehört zu den großen Barockbauten des Landes.

Lamego besitzt ein schönes Regionalmuseum (Museu Regional), dessen wertvollster Besitz Brüsseler Wandteppiche aus dem 16. Jahrhundert sind; leider sind die Gobe-lins zum Teil stark beschädigt. Sehr bedeutend ist auch eine Altarwand von Grão Vasco (1506–1511), die früher in der Kathedrale stand. Mit vier weiteren Werken – alles religiöse Motive – ist dieser Meister der portugiesischen Malerei hier vertreten. Auch Werke von Künstlern des 17. und 18. Jahrhunderts sind ausgestellt. Sehr ein-drücklich präsentiert sich die Sammlung kostbarer Möbel und Kultgeräte. Das Mu-seum, das im ehemaligen Bischofs-Palais untergebracht ist, befindet sich in unmittel-barer Nähe der Kathedrale.

Viseu

Die Fahrt nach *Viseu* ließe sich noch oft unterbrechen, wollte man alle Schönheiten kultureller und landschaftlicher Art genießen, die einem, selbst in kleinen Dörfern, begegnen. Viseu ist die wichtigste Stadt der alten Provinz Beira Alta. Ihr Ursprung ist unbekannt, jedenfalls gehört sie zu den ältesten Siedlungen der Iberischen Halbinsel. Geschichtlich faßbar ist sie erst zur Römerzeit. Auch andere Völker fanden sich hier ein: Vandalen, Sueben, Alanen und Goten, um nur die wichtigsten zu nennen. Bereits seit der Mitte des 6. Jahrhunderts muß Viseu Bischofssitz gewesen sein; das geht aus den Akten des Kirchenkonzils von Lugo im Jahr 569 hervor. Westgotische christliche Könige haben die Stadt vorübergehend zu ihrer Residenzstadt gemacht. Es wird be-richtet, daß sich der letzte Gotenkönig, Rudericus, hierhin geflüchtet habe, nachdem er einsah, daß ein weiterer Kampf gegen die vorrückenden Truppen des Tarik, eines Unterfeldherrn des arabischen Statthalters Musa von Nordafrika, erfolglos war. Das war im Jahre 711. Vermutlich handelte es sich aber nicht um einen Eroberungsfeldzug der Mauren, sondern, wenn man der Überlieferung glauben darf, um einen Racheakt, der von dem christlichen Grafen Julian von Ceuta ausging. Dieser Graf habe, so wird erzählt, Tarik nach Portugal gelockt, um Rudericus zu vernichten, weil dieser seine

Tochter vergewaltigt hatte. Der letzte Gotenkönig soll in der entscheidenden Schlacht am Guadalete, dem Fluß an der Küste der spanischen Provinz Cadiz, ums Leben gekommen sein. In der *Igreja do São Miguel do Fetal* befindet sich ein schmuckloser Granitsarkophag, von dem man annimmt, daß er die Grabstätte des ruhelosen Gotenkönigs ist. Der Grabstein, der um das Jahr 900 aufgefunden wurde, trägt folgende Inschrift: »Hic jacet aut jacuit postremus in ordine Regum Gottorum, ut nobis nuncia fama referet.« Auch diese tausend Jahre alte Inschrift läßt nur Vermutungen zu.

Viseu wurde durch die Bauten großzügiger Bischöfe und Prälaten geprägt, die viele Jahrhunderte hindurch hier tonangebend waren. Das hervorragendste Bauwerk der Stadt ist die *Kathedrale* (Abb. 13). Auffallend ist ihr burgähnlicher, wehrhafter Charakter. Sie stammt aus dem 12. Jahrhundert, wurde aber in der ersten Hälfte des 16. Jahrhunderts zum Teil restauriert und umgebaut. Doch nahm dies kaum etwas von ihrer romanisch-gotischen Strenge. Die Sé, von zwei Türmen mit Kuppelaufsätzen flankiert, hat eine Renaissance-Fassade, die etwas fremd wirkt. 1635 führte der aus Spanien stammende Baumeister Juan Moreno nochmals Änderungen durch. Von großem Reiz ist das Innere der Kirche (Abb. 14). Sehr eigenwillig ist die Verbindung von Romanik und manuelinischem Stil: Die schlichten romanischen Säulen gehen in schiffstauähnlich gewundene Rippenbögen des Gewölbes über. Die Leichtigkeit der späteren Zeit wird noch unterstrichen durch das prachtvolle geschnitzte Chorgestühl sowie den überreich vergoldeten Hauptaltar. Farblich sehr ausgewogen mit ihren gelben und blauen Azulejos ist die Sakristei. Der Kreuzgang stammt aus der Renaissance und ist zweigeschossig; der obere Teil ist eine Arbeit des frühen 18. Jahrhunderts. Wohl kein Besucher von Viseu wird versäumen, das berühmte *Grão Vasco-Museum* zu besichtigen (Abb. 15, 16). Es befindet sich unmittelbar neben der Kathedrale und enthält berühmte Gemälde der Schule von Viseu. Nach dem berühmtesten Künstler, Vasco Fernandes, der ›Große Vasco‹ genannt, erhielt das Museum seinen Namen. Auch andere Künstler des 16. Jahrhunderts sind vertreten; man erhält einen ausgezeichneten Querschnitt durch die verschiedenen Epochen der portugiesischen Malerei bis in unser Jahrhundert hinein. Das Museum ist in dem ›Paço dos Três Escalões‹, einem Palast aus dem 16. Jahrhundert, eingerichtet. In drei Stockwerken sind die Schätze ausgebreitet. Von ausgesuchter Schönheit sind die Möbel, die alle in Portugal gefertigt wurden. Einen Überblick über die portugiesische Kunstfertigkeit gibt die Silber- und Gold-Sammlung. Die meisten Stücke haben sakrale Bedeutung. Wer besonders schöne Objekte bewundern möchte, besichtige den Domschatz der Kathedrale. Die ältesten Arbeiten sind zwei aus Limoges stammende Reliquienschreine aus dem 13. Jahrhundert. Auch die Monstranzen und Kelche im manuelinischen Stil verdienen Aufmerksamkeit. Zu erwähnen ist noch die Misericórdia-Kirche (zweite Hälfte 18. Jh.) mit ihrer prachtvollen barocken Fassade (Abb. 17).

Aveiro

Zu den Orten des nördlichen Portugals, die man besuchen sollte, gehört das durch eine gute Straße mit Viseu verbundene *Aveiro* (Abb. 19). Die Geschichte dieses Ortes geht ebenfalls bis in die Römerzeit zurück, in der er ›Talabriga‹ hieß. Aveiro, das an der Mündung des Rio Vouga liegt, und ein Gebiet in der Umgebung wurde von König João III. in der ersten Hälfte des 16. Jahrhunderts zum Herzogtum erhoben. Die betriebsame Stadt zählt heute über 20 000 Einwohner. Die Kanäle, die das Städtchen durchziehen, und seine Lage am Haff (Lagune) brachten Aveiro den Beinamen eines ›portugiesischen Venedig‹ ein. Zu den schönsten Bauten gehört die Misericórdia-Kirche an der Praça da República aus dem 16. Jahrhundert; sie ist ein Entwurf des berühmten Filippo Terzi. Die Kirche wurde im folgenden Jahrhundert teilweise ergänzt; stilistisch ist sie im wesentlichen dem Frühbarock zuzuordnen. Das Portal gehört zu den eindrucksvollsten des Landes.

Ein Beispiel für den gotisch-manuelinischen Stil ist die *Klosterkirche des Convento de Jesús* aus dem 15. Jahrhundert. Hier lebte und starb Afonsos V. Tochter Joana als Klosterschwester; später wurde sie heiliggesprochen. Hervorzuheben sind die vergoldeten Holzschnitzereien im Innern, auch die Zelle der hl. Nonne strahlt in goldener Pracht; die Zelle kann besichtigt werden. Ein bedeutendes Werk ist das marmorne Grabmal Joanas im Renaissancestil, das zu Beginn des 18. Jahrhunderts durch João Antunes ausgeführt wurde. Dieser Steinmetz und Baumeister war Hofarchitekt König Pedros II. Die meisten seiner Arbeiten befinden sich in Lissabon und in dessen näherer Umgebung.

Ein wichtiges Bauwerk ist die *Kathedrale Nossa Senhora da Glória* aus dem 14. Jahrhundert, die jedoch im 16. Jahrhundert stark verändert wurde. Sehr schön ist der Hochaltar mit der Madonna von Fátima, dem bekannten Wallfahrtsort, zu dem in jedem Jahr Tausende von Portugiesen pilgern. Aveiros Museum befindet sich neben dem ›Convento de Jesús‹ und verfügt über großartige Gemälde und Plastiken. Berühmt ist das Bildnis der hl. Joana, das dem Maler Nuno Gonçalves zugeschrieben wird. Die Meisterwerke dieses Künstlers sind im Museum für Alte Kunst in Lissabon zu bewundern.

Guarda

Nahezu gleichweit entfernt von Viseu, aber ostwärts, liegt *Guarda* auf einem Ausläufer der Serra da Estrêla; seine Anfänge gehen ebenfalls weit zurück. Wegen ihrer günstigen strategischen Lage war die Stadt während des Mittelalters eine der wichtigsten Verteidigungsbastionen Portugals; die schwersten Kämpfe fanden unter der Regierung von König Sancho I. statt. Eine Statue dieses Herrschers ist an der Nordseite der Kathedrale angebracht. Das Bauwerk wurde zwischen dem 14. und dem 16. Jahr-

hundert errichtet und zeigt deshalb verschiedene Stileinflüsse. Von der Gotik aus-
gehend, dann dem manuelinischen Stil verpflichtet, weist es aus späterer Zeit auch
Renaissance- und Barockelemente auf. Die Kirche, die mit ihren Zinnen und Aufbauten
den Eindruck einer Trutzburg macht, ist in Kreuzform angelegt. Als Baumaterial
wählte man den bewährten Granit. Beachtenswert sind das gotisch inspirierte Nordportal sowie das Portal auf der Westseite, das den Manuel-Stil überzeugend verkör-
pert. Im Innern gilt das besondere Interesse dem Hauptaltar, einer hervorragenden
Arbeit der Schule von Coimbra. Harmonisch präsentiert sich die Gesamtanlage der
Stadt, deren alter Teil weitgehend erhalten ist, einschließlich der ›Portas da Cidade‹,
die jedoch im Laufe der Zeit baufällig geworden sind. Das älteste Tor datiert aus dem
13. Jahrhundert. Von den übrigen sind die ›Porta d'El-Rei‹, die ›Porta da Estrêla‹
und die ›Porta Falsa‹ zu erwähnen.

Coimbra

Ein kultur- und kunstgeschichtliches Zentrum Portugals ist *Coimbra*, eine der male-
rischsten Städte des Landes und zugleich die wichtigste im Gebiet des westlichen Küsten-
streifens, der ehemaligen Provinz Beira Litoral. Die umliegenden Hügel, Ausläufer der
Serra de Lorvão, verleihen dem Ort am nördlichen Ufer des schiffbaren Mondego eine
seltene Geschlossenheit (Abb. 20, 26).
   Die Geschichte Coimbras reicht bis in die Römerzeit zurück; die Stadt hieß damals
›Aeminium‹. Der Name ›Coimbra‹ leitet sich von der römischen Bezeichnung für eine
Siedlung in der Nähe der heutigen Stadt ab. Knapp 3 km von dem Coimbra benachbarten Flecken Condeixa-a-Nova entfernt lag der römische Ort *Conimbriga*. Das
Ruinenfeld zeugt von den Anfängen Coimbras. Die Anlagen, die ausgegraben wurden,
lassen auf eine recht große und bedeutende Stadt schließen. Für den archäologisch In-
teressierten lohnt sich der Besuch um der Mosaiken, der Thermen, Mauerreste und des
zwanzig Bogen umfassenden Aquädukts willen (Abb. 28–33). Die verfallene Stadt
muß zu den reichsten römischen Niederlassungen im heutigen Portugal gehört haben.
Schon der römische Schriftsteller C. Plinius Secundus, der um das Jahr 23 n. Chr. in
Como, dem alten Comum, geboren wurde und beim Vesuvausbruch 79 n. Chr. den
Tod fand, bezeichnete Conimbriga in seinem enzyklopädischen Werk ›Historia na-
turalis‹ als ›oppidum‹, als ›befestigte Stadt‹ also. Der Beginn der Siedlung dürfte noch
weiter zurückreichen, vermutlich in lusitanisch-keltische Zeit. Als die Christianisierung
des Landes begann (1. Jh. nach Chr.), war der Ort noch nicht verlassen. Erst im Jahre
468 wurde er von den Sueben geplündert, jener kleinen Gruppe, die zusammen mit
Alanen und Vandalen zu Beginn des 5. Jahrhunderts die Höhenzüge der Pyrenäen
überschritt und in Galicien ein unabhängiges Königreich gründete. Sie waren Anhänger
des Arius, des aus Libyen stammenden christlichen Theologen, dessen Lehre auf der
Synode von Nicäa 325 verdammt wurde. Ihr arianischer Glaube ebenso wie die Ver-

suche, ihr Herrschaftsgebiet zu vergrößern, wurden zum Anlaß heftiger Kämpfe. 582 gelang es den Westgoten, die Sueben endgültig zu besiegen.

Die ausgegrabenen Anlagen von Conimbriga sind zum Teil erstaunlich gut erhalten. Die Fußböden der Villa der Mosaiken zeigen kaum Beschädigungen. Häufigste Motive sind geometrische Figuren, Blumenornamente und lebendig wirkende Tiere. Auch eine Heizungsanlage aus der Römerzeit ist noch deutlich erkennbar (Abb. 28). Sie besteht aus parallel laufenden Schächten unter dem ehemals weitläufigen Saal. Bei dem aus-

Stadtplan von Coimbra 1 Das Kloster Santa Clara-a-Nova 2 Altes Santa Clara-Kloster 3 Botanischer Garten 4 Almenida-Bogen 5 Universitätsbibliothek 6 Medizinische Fakultät 7 Alte Kathedrale 8 Machado de Castro-Museum 9 Neue Kathedrale 10 Sup-Ripas-Palast 11 Städtisches Museum 12 Anto-Turm 13 St. Jakobs-Kirche 14 Waisenhaus 15 Santa Crux-Kirche 16 Karmel-Kirche 17 Gnaden-Kirche (Graça) 18 S. Pedro-Kirche 19 Justa-Kirche 20 Santa Cruz-Park 21 Celas-Kloster

Wappen der Stadt Coimbra

geklügelten System strömte Heißluft durch Bodenöffnungen in den oberen Raum. Da der Boden, einst vermutlich mit Mosaikornamenten geschmückt, aus Mörtel war, dürfte diese alte Heizung unseren modernen in ihrer Wirkung kaum nachgestanden haben.

Von dem ca. 15 km entfernt liegenden Conimbriga kehren wir nach Coimbra zurück, in die heute von rund 80 000 Menschen bewohnte Stadt. Coimbra war lange Zeit kultureller Mittelpunkt Portugals und mehr als zwei Jahrhunderte, von 1138 bis 1383, auch Residenz der Könige von Portugal. Heute noch ist Coimbra eine Stadt des geistigen Lebens und der Künste.

716, als der Islam sich anschickte, Europa dem mohammedanischen Glauben zu unterwerfen, wurde Coimbra von den Mauren erobert. Im Jahre 878 wurde unter Afonso III. erstmals versucht, die Stadt dem Islam zu entreißen. Endgültig gelang das jedoch erst nach dem Ende der Omajjaden-Herrschaft (1031) in der sogenannten Reconquista (1064). Den Kampf um Coimbra beendete der Sieg Ferdinands I., des Königs von Kastilien und der historisch bedeutsamen spanischen Landschaft Léon, die sich von Altkastilien bis zum asturisch-léonischen Bergland ausdehnte.

Das Wappen Coimbras gehört zu den schönsten und ausdruckstärksten Stadtemblemen Portugals. Auf rotem Hintergrund zeigt es einen goldenen Kelch, an dessen rechte Seite sich ein goldener Löwe lehnt. Auf der linken Seite, in ähnlich aufrechter Haltung wie der Löwe, ist ein grüngeflügelte Schlange zu sehen. Hinter dem Kelch erhebt sich die Madonna mit dem Kind. Die Darstellung läßt sich zwar im christlichen Sinne deuten, doch glauben die Heraldiker, daß die Madonna in Wirklichkeit eine Prinzessin Cindazunda ist. Diese habe durch ihre Heirat den Kampf zweier Krieger – dargestellt durch Löwe und Schlange – beendet. Die beiden Schildchen, je eines rechts und links der Madonna, deuten auf das alte königliche Wappen hin.

Heinrich von Burgund, der Schwiegersohn von Alfons VI., verlieh 1111 Coimbra das Stadtrecht. Der Sohn Heinrichs, Afonso I. Henrique, erhielt 1143 die Königskrone als Lehen des Papstes zum Dank für den Sieg über die Mauren in der Schlacht bei der südspanischen Stadt Ourique. Er machte Coimbra zur Hauptstadt seines Reiches. Im Mittelalter fanden dort häufig Versammlungen der Cortes, der Volksvertretung des alten Portugal, statt. Geistiger Mittelpunkt der Stadt ist seit alters die *Universität*, eine der wenigen heute noch existierenden Institutionen dieser Art aus der Zeit des Mittelalters (Abb. 21). Die wegen ihres Alters und ihrer einzigartigen

Sammlungen weltbekannte Hochschule – die Velha Universidade – war bis zum Jahre 1911 die einzige Portugals. 1290 in Lissabon gegründet, wurde sie 1308 nach Coimbra verlegt. König Diniz I. (Dionysius), ein Förderer der Wissenschaften – er ging u. a. als Begründer des Christusordens, der die Nachfolge des aufgelösten Templerordens antrat, in die Geschichte ein und trat selbst als Minnesänger auf –, hatte in Lissabon unter Mithilfe von Äbten und anderen hohen Würdenträgern die Lehranstalt eingerichtet, die nicht der Theologie allein vorbehalten war. Dieses Institut erhielt seine höchste Bestätigung am 13. August 1290 durch die Bulle Papst Nicolaus' IV. (1288–1292).

Im Jahr 1544 machte König João III. der inzwischen nach Coimbra verlegten Hochschule ein prachtvolles Gebäude zum Geschenk: den Alcaçova-Palast. Heute erreicht man das Universitätsgelände durch die Porta Férrea, ein eisernes Doppelportal aus der ersten Hälfte des 17. Jahrhunderts. Auf den Paço das Escolas‹ öffnen sich die schönsten Bauten der Universität. Besuchenswert ist die ›Sala dos Capelos‹, ein großer, zur Hälfte mit Azulejos verkleideter rechteckiger Saal, der den Promotionsfeiern dient (Abb. 22). Die jungen Doctores empfangen dort aus der Hand des Rektors ihr Diplom. Wundervoll ist die Kassettendecke mit ihren gleichmäßigen, vertieften Feldern aus dem 17. Jahrhundert, ein Werk von Jacinto Pereira da Costa. Unterstrichen wird die Würde des Saales durch die großformatigen Herrschergemälde. Zur Sala dos Capelos führt ein mit ionischen Säulen geschmückter Wandelgang, die ›Via Latina‹, an deren Ende sich der ›Claustro dos Gerais‹ befindet, ein Kreuzgang, dessen Wände mit wertvollen, in Coimbra hergestellten Azulejos aus dem 17. Jahrhundert geschmückt sind. Zur Universität gehört eine Kapelle aus dem 16. Jahrhundert. Ihr Portal in manuelinischem Stil entwarf Marcos Pires.

Das wohl schönste Bauwerk der Stadt ist die *Universitätsbibliothek* aus dem 18. Jahrhundert. Auf den ersten Blick mag dieser Barockbau überladen erscheinen. Ihr Gründer ist König João V., der sich Ludwig XIV. zum Vorbild genommen hatte und den monarchischen Absolutismus für Portugal übernahm. Seine Prunkliebe feiert in den drei Bibliothekssälen Triumphe (Abb. 23). Vorherrschend ist Gold, das sich von blauem und rotem Grund abhebt. Die Fußböden sind aus Marmor. Die prächtigen, mit Ornamenten reich geschmückten Tische sind aus dem kostbaren Ganduru-Holz der Tropenwälder Brasiliens. Von großer Kunstfertigkeit zeugen auch die Decken der Säle, für die vor allem der Maler António Ribeiro tätig war. Zum Bestand der Bibliothek gehören etwa eine Million Bücher und dreitausend wertvolle Handschriften aus dem Mittelalter. Besonders hervorzuheben ist die Ausgabe der ›Lusiades‹ aus dem Jahr 1572, in welchen der bedeutendste Dichter Portugals, Luis Vaz de Camões, die Taten des Zeitalters der Entdeckungen besang. Camões wurde vermutlich in Coimbra um 1525 geboren.

Interessant ist die Tracht der Professoren und der Studenten: Schwarze Talare, ›capa‹ und ›batina‹ genannt, die einem Frack ähneln. Die ›capas‹ der Professoren reichen fast bis zu den Füßen. Bei feierlichen Universitätsanlässen werden sie durch den Ornat ergänzt, der je nach Fakultät in der Farbe verschieden ist. Im Jahr 1910 wurde eine alte Tradition abgeschafft; bis dahin verfügte die Studentenschaft im ›Foro Académico‹ sogar über ein eigenes Gericht.

Neben der eigentümlichen Tracht der Studenten fallen die breiten und schmalen Bänder auf, aus deren Farben die Zugehörigkeit zur jeweiligen Fakultät deutlich wird: Die Philosophiestudenten tragen dunkelblaue, die Juristen rote, die Naturwissenschaftler hellblaue, die Mediziner gelbe und die Pharmazeuten violette Bänder. Auch in Portugal macht die Zeit nicht halt vor der Tradition. Die Tracht ist heute nicht mehr streng verbindlich; auch andere alte Studentenbräuche sind in den letzten zwei Jahrzehnten immer mehr in den Hintergrund getreten, z. B. das Verbrennen der Bänder am Abschluß eines Semesters. Dieses Fest, ›Queima das Fitas‹, wurde überlieferungsgemäß im Mai mit großem Aufwand gefeiert; in gewisser Weise ist es mit dem bei uns üblichen Dies Academicus vergleichbar.

Der berühmteste Sakralbau Coimbras ist die Alte Kathedrale, die *Sé Velha* (Abb. 24). In ihrer Monumentalität erinnert sie fast an eine Festung. Das wuchtige, von Zinnen abgeschlossene Bauwerk gehört zu den großartigsten und zugleich besterhaltenen Zeugnissen romanischer Baukunst auf der Iberischen Halbinsel. Ihre Grundsteinlegung erfolgte um 1170. Als Baumeister gelten die Franzosen Bernard und Robert, denen auch die Kathedrale von Lissabon zugeschrieben wird. Im Jahr 1147, also nur 23 Jahre zuvor, hatte Afonso I. Henrique Lissabon erobert und zur Hauptstadt des Landes bestimmt. Es war die Zeit des Zweiten Kreuzzuges; dem König boten fremdländische Kreuzfahrer, darunter auch solche aus Köln, ihre Hilfe an und erstritten die Unabhängigkeit Portugals von Kastilien, die 1179 vom Papst bestätigt wurde. Der festungs-

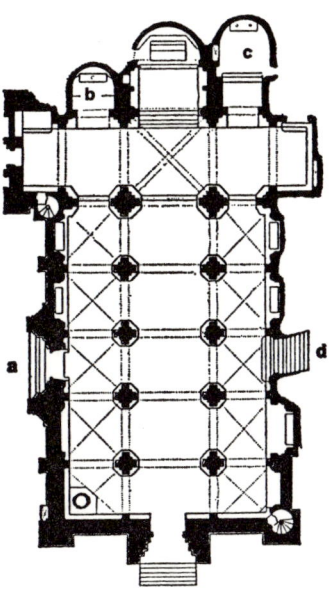

Coimbra, Grundriß der Alten Kathedrale a Porta Especiosa b das Denkmal des Bischofs Almeida c rechte Nebenapsis d Treppe zum Kreuzgang

artige Eindruck der Kathedrale wird noch dadurch unterstrichen, daß sie sich auf einer Anhöhe erhebt. Die Sé Velha stimmt in vielen Teilen mit dem Bauplan der Kathedrale von Santiago überein, die wohl als Vorbild diente. Französischer Einfluß äußert sich vor allem im Portalvorbau, der noch von Zinnen abgeschlossen wird. Zum Hauptportal führt eine breite, vierzehnstufige geländerlose Treppe. In scharfem Kontrast zu dem übrigen Bau steht das Nordportal – Porta Especiosa genannt –, an dem der berühmte Bildhauer und Baumeister Nicolas Chanterène mitgewirkt haben soll. Der im Sinn des Humanismus erzogene Künstler gestaltete vermutlich um 1530, zur Zeit der Renaissance, die Rundbogenpforte, eine verspielte Architektur mit einer Überfülle von Säulen, Medaillons und anderem Schmuckwerk. Das dreischiffige Innere der Kathedrale wird im Quer- und Hauptschiff von einem Rund- und Kreuzgewölbe abgeschlossen. Die schönste Zierde der Sé Velha ist das in südländischer Farbenfreude gehaltene Retabel über dem spätgotischen Hauptaltar (Abb. 25). Die aus Holz geschnitzte Altarwand mit zahlreichen Heiligenbildern wurde auf Bestellung des Bischofs Jorge d'Almeida ausgeführt und ist eine Arbeit zweier flämischer Künstler, Oliver von Brügge und Johann von Gent. Sie schufen dieses spätgotische, mit Gold geschmückte Kunstwerk zwischen 1498 und 1508.

Coimbra ist reich an künstlerisch wertvollen Bauten. Genannt sei u. a. die *Kirche São Tiago*, ein dem hl. Jakobus geweihter Bau aus dem frühen 13. Jahrhundert. Lohnend ist der Besuch des *Mosteiro de Santa Cruz*. Die Klosteranlage romanischen Ursprungs war lange Zeit ein Zentrum des Glaubens und der Kultur. In ihr befinden sich die Grabmäler von König Afonso I. Henrique, dem Gründer des Staates, und seinem Sohn Sancho I., einem Ritter im Königsornat. Er war hochgebildet und gilt in der Literaturgeschichte als frühester Dichter in portugiesischer Sprache. Als christlicher Herrscher sah er seine Hauptaufgabe darin, die Mauren zu bekämpfen und die Bewohner der von ihnen zurückeroberten Gebiete wieder dem wahren Glauben zuzuführen. Manche seiner Eroberungen waren jedoch nur von kurzer Dauer; so konnte er die Südprovinz Algarve, die er 1189 unterwarf, nur wenige Jahre behaupten.

Der Chor der Klosterkirche in manuelinischer Gotik ist einer der schönsten des Landes. Von der Bedeutung und dem einstigen Reichtum des Klosters zeugen die wertvollen Teppiche und die aus dem 18. Jahrhundert stammenden farbenprächtigen Azulejos.

Das alte *Santa Clara-Kloster* – Mosteiro de Santa Clara-a-Velha – liegt in der Nähe der Estrada Nacional No 1, nicht weit vom linken Ufer des Mondego-Flusses entfernt. Durch häufige Überschwemmungen wurde die Klosteranlage zur Ruine. Schon gegen Ende des 17. Jahrhunderts waren die Gebäude nicht mehr bewohnbar. Im Jahr 1286 gegründet, wurde der Bau infolge wiederholter Unterbrechung der Arbeiten erst im 14. Jahrhundert vollendet. Berühmt ist das Kloster vor allem, weil die Königin Isabella, die als Heilige verehrt wird und deren Grabmal sich dort befindet, sich bis zu ihrem Lebensende in Santa Clara aufhielt. Es wird auch berichtet, König Duarte, ältester Sohn Heinrich des Seefahrers, habe seine Hochzeit im Kloster gefeiert.

Zu erwähnen ist noch die Neue Kathedrale, die *Sé Nova,* aus dem 17. Jahrhundert mit ihrer prunkvollen Barockfassade. Ursprünglich war die Kathedrale eine Jesuitenkirche und Teil des ›Colégio das Onze Mil Virgens‹, des Kollegs der Elftausend Jungfrauen.

Der Besuch der Museen Coimbras sollte nicht versäumt werden. Die sehenswertesten Skulpturen (Schule von Coimbra) befinden sich im *Museu Machado de Castro.* Viele stammen aus den Klöstern der Stadt und der Sé Velha. Das Museum, eines der bedeutendsten Portugals, befindet sich in einem Palais, das früher dem Bischof als Residenz gedient hat. Besonders eindrucksvoll ist die große Terrasse aus der Renaissance, die wahrscheinlich von dem in Bologna geborenen Architekten Filippo Terzi (1520–1597) entworfen wurde. Seine Handschrift tragen verschiedene Bauten in Portugal, u. a. in Lissabon und Tomar. Ihm glückte es, eine Synthese zwischen italienischem und spanischem Renaissance-Stil zu schaffen.

Die im Museum ausgestellten Skulpturen stammen von den Meistern portugiesischer Kunst: Udarte, Chanterène und João de Ruão. Zahlreiche wundervolle Meßkelche – Silber vergoldet – aus dem 13. bis 16. Jahrhundert bilden einen Höhepunkt. Wertvollstes Stück ist ein romanischer Kelch aus dem Jahre 1152.

Wer volkskundliche Interessen hat, sollte das *Museu Académico* besuchen. Man gewinnt dort einen recht guten Überblick über das kulturelle akademische Leben in Coimbra. Die Ausstellungsräume befinden sich in den Gebäuden der ›Associação Académica‹.

Mittel- und Südportugal

Lissabon

Lissabon, die Metropole Portugals und zugleich sein wichtigster Hafen, zählt zu den schönsten Städten der Welt (Abb. 64, 65). Es ist Handels- und Verwaltungszentrum des Landes und seiner riesigen Besitzungen in Afrika. Die Größe des ehemaligen Weltreiches ist noch heute spürbar. Breite gepflegte Promenaden, Herrschaftshäuser und mit Palmen geschmückte Plätze verleihen der Stadt ein prächtiges Aussehen.

Lissabons Ursprung – die Portugiesen nennen ihre Hauptstadt Lisbõa – liegt in vorrömischer Zeit. Phönizier, die Seefahrer des Mittelmeeres, die regen Handel trieben, ließen sich im Raume der Tejo-Mündung nieder und errichteten eine Festung mit Namen ›Alis-Ubbo‹. Als die Römer ihr Imperium nach Südwesten hin ausdehnten, bemächtigten sie sich zu Beginn des 3. Jahrhunderts dieses phönizischen Stützpunktes und gaben ihm in Anlehnung an die phönizische Bezeichnung den Namen ›Olisippo‹ oder ›Olisipone‹. Daß sich um eine so weit zurückliegende Gründung mancherlei Legenden und Erzählungen gesponnen haben, ist verständlich. So soll dem portugiesischen Dichter Camões' Glauben zufolge Odysseus die Stadt gegründet haben; er stützt sich bei dieser recht unwahrscheinlichen Behauptung auf Mitteilungen des Älteren Plinius.

Im Laufe der Zeit erweiterten die Römer die Festung zum Municipium ›Felicitas Julia‹. Zu Beginn des 5. Jahrhunderts geriet die Römersiedlung unter die Herrschaft der Alanen, eines Steppenvolkes aus dem nördlichen Kaukasus, von dem einzelne Gruppen sich dem Zug der Hunnen nach Mitteleuropa angeschlossen hatten. Zusammen mit germanischen Stämmen drangen sie auf die Iberische Halbinsel vor und unterwarfen dort eine große Anzahl römischer Municipia und Siedlungen. Vom letzten Drittel des 6. Jahrhunderts an bis zur Eroberung durch die Mauren im Jahr 715 herrschten die Westgoten über die Stadt. Die Araber wandelten die römische Bezeichnung in ›Lischbuna‹ um, vielleicht in Anlehnung an das alte Alis-Ubbo der Phönizier. Soweit Straßenzüge der Altstadt bei dem schweren Erdbeben vom Jahre 1755, das mehr als ein Drittel

51 ALCOBAÇA Das Zisterzienserkloster besitzt einen der schönsten Chorumgänge

52 ÓBIDOS Das Kastell beherbergt heute ein staatlich geführtes Hotel (Pousada)

53 ÓBIDOS Die Stadt gehört mit ihrer guterhaltenen Maueranlage zu den malerischsten Orten des Landes

54 ÓBIDOS Das Kastell, mehrfach restauriert, wurde im 16. Jh. palastartig ausgebaut

55 NAZARÉ Portugals berühmtestes Fischerstädtchen, typisch sind die Formen der Fischerboote und die Trachten der Fischer

56 CABO DA ROCA Der westlichste Punkt des europäischen Kontinents

57 MAFRA Das Kloster (1717–1730) ist ein Werk des aus Deutschland stammenden J.F. Ludwig, der 1701 nach Portugal kam

58, 59 MAFRA Die Basilika der Klosteranlage. Das Kloster sollte nach dem Willen seines Stifters, König João V., ein portugiesischer Escorial werden

61 SINTRA Der Stadtpalast mit den konischen Schornsteinen wurde im 17. und 18. Jh. mehrfach verändert

◁ 60 MAFRA Die Bibliothek des Klosters enthält wertvolle Manuskripte

62 SINTRA Der maurische Saal des Stadtpalastes

63 QUELUZ Der Palast ist eines der berühmtesten Rokoko-Bauwerke Portugals und stammt aus der Mitte des 18. Jh.

64 LISSABON Die Salazar-Brücke ist mit 2278 m Europas längste Hängebrücke. Sie wurde 1966 dem Verkehr übergeben ▷

65 LISSABON Blick auf das Zentrum und die Altstadt (rechts), vorn die Praça do Comércio ▷

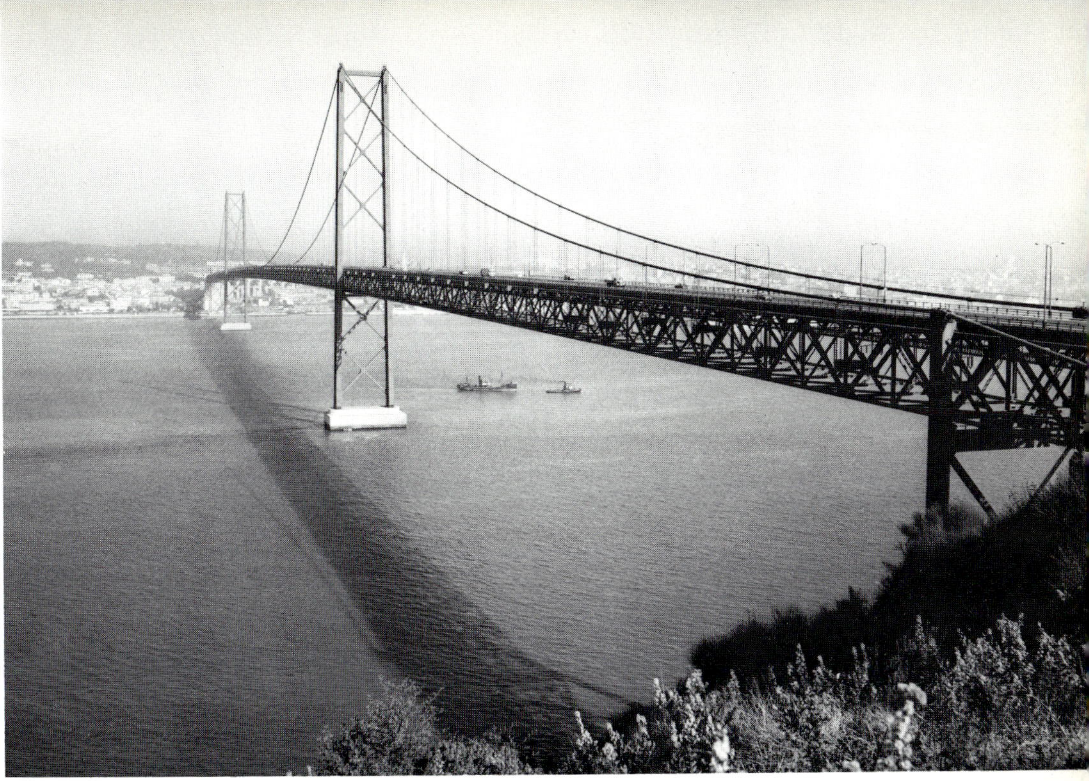

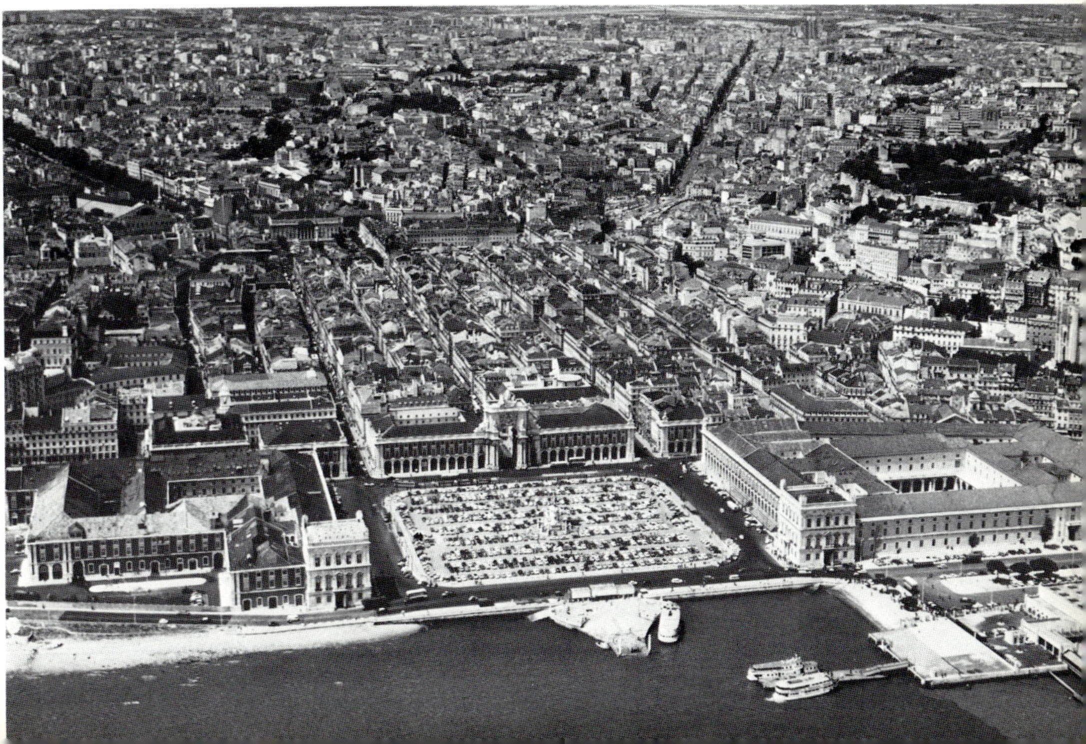

66/67 LISSABON Die Azulejos in der Kirche Madre de Deus zählen zu den schönsten der Stadt. Die Kirche selbst stammt aus dem frühen 16. Jh.

68   LISSABON   Der Turm von Belém

69 LISSABON Das Castelo de São Jorge überragt die Stadt. Es stammt aus der Zeit der Maurenherrschaft, beim Erdbeben teilweise zerstört, wurde es 1940 restauriert

70 LISSABON Die Praça do Comércio ist Lissabons größter Platz. Das Standbild des Königs José I. in der Platzmitte stammt von 1775

71 LISSABON Der Palast von Belém, Terrasse. Der ehemalige Königspalast dient heute als Repräsentations-Gebäude Portugals

72 LISSABON Azulejos im Garten des Palastes der Grafen von Fronteira

73 LISSABON Die romanische Kathedrale (12. Jh.), einer der bedeutendsten Bauten der Iberischen Halbinsel, wurde nach 1755 restauriert

74 LISSABON Hochaltar und Querschiff der Kathedrale
75 LISSABON Blick ins Innere der Kirche São Roque. Sie ist ein Werk des Filippo Terzi

der Stadt zerstörte, erhalten blieben, ist der maurische Einfluß heute noch in den typischen Treppenstraßen und -stiegen zu erkennen.

König Afonso I. entriß nach erbitterten Kämpfen die Stadt 1147 den Mauren. Nach mehr als viermonatiger Belagerung konnte er in Lissabon Einzug halten. Bei den Kämpfen tat sich durch seine Tapferkeit und seinen Wagemut ein Mann besonders hervor: Martin Moniz. Er wird noch heute in Portugal als Nationalheld gefeiert.

Die ausgezeichnete Lage Lissabons, die schon früh erkannt worden war, veranlaßte Afonso III. im Jahr 1260, die Stadt zur königlichen Residenz zu erklären. Ihre größte Blüte erlebte sie im 15. Jahrhundert, als das kleine Land, das sich neben dem starken östlichen Nachbarn nicht ausbreiten konnte, sein Augenmerk auf die Weite der Meere richtete und seine Chancen in den fremden Erdteilen erkannte. Furchtlose Seefahrer verhalfen Portugal zu ungeheurem Reichtum an Land und Schätzen. Lissabon wurde zum wichtigsten Umschlagplatz für die Waren aus der Neuen Welt, während Venedig und Genua neidvoll zusehen mußten. König Manuel I., in dessen Regierungszeit dies alles geschah, erhielt den Beinamen ›der Glückliche‹. Zu den spektakulären Entdeckungsfahrten jener Zeit gehört die von Vasco da Gama. 1498 legt er in Indien an; einer der Grundsteine zum portugiesischen Weltreich wurde gelegt. Nur zwei Jahre später wurde Brasilien von Pedro Alvares Cabral entdeckt, der einer vornehmen portugiesischen Familie angehörte und Befehlshaber über eine Flotte von dreizehn Schiffen war, die der König nach der gefeierten Rückkehr des Vasco da Gama nach Ostindien entsandte. Infolge der Strömungsverhältnisse wurde er bei der Umseglung Afrikas nach Brasilien abgetrieben, das er als ›Terra da Santa Cruz‹ bezeichnete. Als er im September 1501 wieder im Hafen von Lissabon ankam, wurde er für die Entdeckung und Besitznahme des riesigen Landes von Manuel überreich beschenkt.

Daß die Spanier an dem gewaltigen neuen Reichtum teilhaben wollten, ist verständlich. Nach dem Aussterben des Hauses Aviz im Jahr 1580 ließ Philipp II. unter Führung des Herzogs von Alba Portugal besetzen. Als Sohn der ältesten Tochter Manuels I. hielt er sich für berechtigt, nach der portugiesischen Krone zu greifen. Von den Cortes begrüßt und anerkannt, verband er Portugal mit Spanien durch Personalunion. Die Abhängigkeit von Spanien dauerte sechzig Jahre. Am 1. Dezember 1640 gelang es, das fremde Joch durch einen Aufstand abzuschütteln, dessen Ausgangspunkt Lissabon war. Da Spanien mit der Bekämpfung von Unruhen im eigenen Lande beschäftigt war, konnten die Portugiesen unter Führung von João von Bragança die völlige Loslösung von Spanien durchsetzen. Ihr Land wurde zur ersten Nation Europas, deren Grenzen bis heute zu den am wenigsten umstrittenen der Welt gehören.

Die Geschichte Lissabons ist eng mit der des Landes verknüpft, doch ein schrecklicher Schicksalsschlag betraf ausschließlich die Stadt. Die Katastrophe geschah zu Allerheiligen 1755. Ein Erdbeben zerstörte einen Großteil der Stadt; 30 000 Menschen kamen um. In ›Dichtung und Wahrheit‹ berichtet Goethe, welche Bestürzung die Nachricht hervorrief: »Durch ein außerordentliches Weltereignis wurde jedoch die Gemütsruhe des Knaben zum erstenmal im tiefsten erschüttert. Am ersten November 1755

Stadtplan von Lissabon 1 Casa dos Bicos 2 Kathedrale 3 Nationalbibliothek 4 Museu de Arte Contemporânea 5 Nationaltheater São Carlos 6 Kirche do Carmo und Archäologisches Museum 7 Castelo São Jorge 8 Rossio 9 Kirche São Roque und Museu de Arte Sacra 10 Bahnhof Rossio 11 Nationaltheater Dona Maria II 12 Kirche São Domingos 13 Medizinisches Institut (Universität) 14 Kirche N. S. da Graça

ereignete sich das Erdbeben von Lissabon und verbreitete über die in Frieden und Ruhe schon eingewohnte Welt einen ungeheuren Schrecken. Eine große, prächtige Residenz, zugleich Handels- und Hafenstadt, wird ungewarnt von dem furchtbarsten Unglück betroffen. Die Erde bebt und schwankt, das Meer braust auf, die Schiffe schlagen zusammen, die Häuser stürzen ein, Kirchen und Türme darüber her, der königliche

Palast zum Teil wird vom Meer verschlungen, die geborstene Erde scheint Flammen zu speien: denn überall meldet sich Rauch und Brand in den Ruinen. Sechzigtausend Menschen, einen Augenblick zuvor noch ruhig und behaglich, gehen mit einander zugrunde, und der Glücklichste darunter ist der zu nennen, dem keine Empfindung, keine Besinnung über das Unglück mehr gestattet ist...«

Mit dem Wiederaufbau Lissabons ist der Name eines der eigenwilligsten und umstrittensten Politiker Portugals verbunden: Sebastião José de Carvalho e Mello, Graf von Oeyras, Marquis von Pombal. Dieser Staatsmann – er lebte von 1699 bis 1782 – regierte im Sinne des aufgeklärten Absolutismus. Sein größtes Verdienst besteht wohl in der großzügigen Planung und Leitung der Wiederherstellung Lissabons. Mit der Ausarbeitung der notwendigen Projekte betraute er die beiden Ingenieure Manuel da Maia und Eugénio dos Santos. Charakteristisch für den Wiederaufbau ist die quadratische Anlage: Die meisten Straßen kreuzen sich jetzt im rechten Winkel, nur der Stadtteil Alfama, der von dem Erdbeben verschont blieb, gibt mit seinen gewundenen Gassen und pittoresken Häusern noch ein Bild des alten Lissabon.

Mittelpunkt der Stadt, wo 1910 die Republik ausgerufen wurde, ist die *Praça do Comércio*, in seiner Symmetrie einer der schönsten Plätze Europas (Abb. 70). Er liegt nicht im Zentrum, sondern direkt am Ufer der Tejo-Bucht. Vor der Zerstörung hatte hier der Paço da Ribeira, der Königspalast, gestanden. Man muß den Platz durchschreiten, um eine Vorstellung von seiner Größe zu gewinnen; er mißt 192 zu 177 m. Umgeben wird er von öffentlichen Bauten, von Ministerien und dem Hauptpostamt. Zum Fluß hin und bis ans Wasser führt eine breite Marmortreppe. Hier empfing das alte Portugal Staatsbesuche. In der Mitte der Praça do Comércio steht auf einem hohen Sockel das monumentale bronzene Reiterstandbild von König José I. (Joseph I., 1750–1777) aus dem Jahr 1775, ein Werk des Machado de Castro (1731–1822), eines Schülers des Italieners Alessandro Giusti, der in Portugal eine Bildhauerschule gegründet hat. Unter der Herrschaft Josés I., dessen Premierminister Pombal war, fand die Politik des Merkantilismus Eingang in Portugal; Wirtschaft und Handel blühten auf. Der Versuch der Reorganisation des Landes wurde jedoch durch die Erdbebenkatastrophe jäh unterbrochen.

Die Praça do Comércio ist zur Rua Augusta hin durch den ›Arco Monumental‹, einen Triumphbogen aus dem Jahr 1873, abgeschlossen. Noch ein anderer berühmter Platz ist zu erwähnen: die *Praça de Dom Pedro IV.*, bekannter unter der Bezeichnung ›Rossio‹. Hier befinden sich die schönsten Geschäfte, ein Café reiht sich an das andere.

Der ›Rossio‹ ist einer der verkehrsreichsten Plätze der Stadt. Auf der nördlichen Seite fällt ein großes Gebäude auf: Das Teatro Nacional, das zwischen 1841 und 1846 von dem italienischen Baumeister Lodi errichtet wurde. In der Mitte des Platzes steht das Standbild König Pedros IV. (1798–1834), der Wissenschaften und Künste gefördert hat.

Lissabon ist eine Stadt der Kirchen und Museen. Auf die bedeutendsten sakralen Bauwerke sei zuerst verwiesen. Das älteste ist die *Patriarchalkathedrale*, die Sé, ein

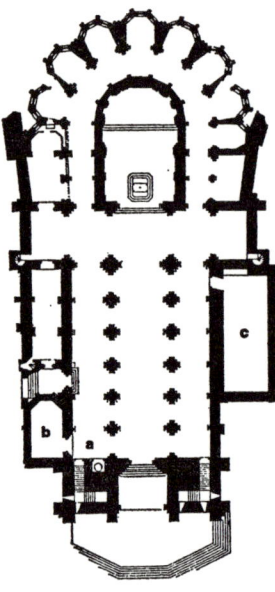

Lissabon, Grundriß der Kathedrale a Taufbecken b erste Kapelle c Sakristei

klotziger Bau, der in seinen Formen eher an eine Zitadelle erinnert als an eine Kirche (Abb. 73, 74). Der ursprünglich romanische Bau, von dem das Portal und im Innern das Triforium rein erhalten sind, zeigt große Ähnlichkeit mit den Kathedralen von Évora und Coimbra. Vermutlich waren die gleichen Baumeister am Werk. Die Sé von Lissabon wurde während der Araberherrschaft in eine Moschee verwandelt, doch führte dies nicht zu baulichen Veränderungen. Die Kathedrale, die im gotischen Stil erneuert wurde, wird von zwei mächtigen Türmen umrahmt. In dem dreischiffigen spätbarocken Innern der Kirche befinden sich die Gräber Königs Afonsos IV. und der Königin Beatrix. Die ursprünglichen Sarkophage gingen bei dem Erdbeben von 1755, durch das der ganze Bau beschädigt wurde, in die Brüche und wurden durch Arbeiten des Machado de Castro ersetzt. Sehenswert ist der Kreuzgang aus dem ersten Drittel des 14. Jahrhunderts, der in seiner Anlage an jenen der Zisterzienserabtei von Alcobaça erinnert.

Zu den schönsten Kirchen der Stadt gehört die von den Jesuiten erbaute *São Roque*, die vom Ende des 16. Jahrhunderts stammt und ein Werk des in Bologna geborenen und am Hofe der Herzöge della Rovere in Pesaro ausgebildeten Italieners Filippo Terzi (1520–1597) ist. Auch sie wurde durch das Erdbeben stark in Mitleidenschaft gezogen. Die Fassade ist nach altem Vorbild wiederhergestellt. Die Kirche gehört zu den berühmten Wallfahrtsstätten. In Zeiten der Not, besonders während großer Epidemien, pilgerte das gläubige Volk dorthin und flehte den hl. Rochus um Hilfe an. Im Innern befinden sich schöne Schnitzereien, Azulejos, Mosaiken und Gemälde aus dem 16. bis 18. Jahrhundert. Eindrucksvoll ist die Johannes dem Täufer geweihte Kapelle in unmittelbarer Nähe des Hochaltars mit reichem barocken Goldschmuck. Die Kapelle ist ein Geschenk des prunkliebenden Königs João V. (Johann V., 1706–1750) und wurde, in Teile zerlegt, per Schiff von Rom nach Lissabon gebracht. Die Entwürfe gehen auf die Italiener Luigi Vanvitelli und Salvi zurück. Kostbar sind die Mosaiken der Künstler Masucci und Maretti. Die ganze Pracht des Innenraumes kann man nur, wenn man sich genügend Zeit nimmt, erfassen.

In den mehr als zweihundert Kirchen Lissabons gibt es manches Sehenswerte; im Rahmen dieses Kunstführers können aber nur die wichtigsten näher beschrieben werden. Berühmt ist *São Vicente de Fora;* nach Plänen des Italieners Terzi erbaut, stellt sie eine Mischung aus spanischen und italienischen Elementen dar. Als ehemalige Klosterkirche wurde sie auf Fundamenten aus dem 12. Jahrhundert errichtet. Der jetzige Bau, der 1580 begonnen wurde, steht dem italienischen Klassizismus nahe. Typisch sind die beiden Flankentürme, welche die Ausgewogenheit der Front unterstreichen. Das Innere ist einschiffig und hat als Decke ein Tonnengewölbe. Die barocken Formen sind von herber Schönheit. Der Bau als Ganzes beeindruckt durch seine Ausgewogenheit. Bemerkenswert ist die Kanzel, die, wie auch der Baldachin des Hochaltars, auf das Vorbild der Peterskirche in Rom verweisen. Das aus tropischem Holz geschnitzte Chorgestühl des Kapitelsaals ist besonders schön, ebenso die Azulejo-Verkleidung des Kreuzgangs aus dem 18. Jahrhundert mit Darstellungen der Fabeln von La Fontaine. Neben der kunstgeschichtlichen hat die Kirche auch historische Bedeutung, da sich in ihr die Begräbnisstätte der portugiesischen Könige aus dem Hause Bragança befindet. Das sogenannte ›Königliche Pantheon‹ war ehemals das Refektorium des Klosters.

Wer an Geschichte interessiert ist, sollte auch die 1271 erbaute Kirche *Nossa Senhora da Graça* besuchen. Der Neubau aus der zweiten Hälfte des 18. Jahrhunderts gibt kunstgeschichtlich zwar nur wenig her, doch befindet sich in der Sakristei das Grabmal des berühmten portugiesischen Vizekönigs von Indien, Afonso de Albuquerque. 1453 in Alhandra (Estremadura) geboren, erhielt er seine Erziehung am Hofe König Afonsos V. Nachdem er sich in Kämpfen gegen die Türken und in Nordafrika ausgezeichnet hatte, segelte er wiederholt nach Indien, wo er Goa 1510, Malekka 1511 eroberte; er fuhr nach Siam, Java und Sumatra und baute wichtige Handelsplätze auf, um den Warenaustausch zu fördern. Als Albuquerque erfuhr, daß der argwöhnische König seinen Feind und Nebenbuhler zum Nachfolger in der Statthalterschaft ernannt hatte, starb er 1515 aus Gram und Enttäuschung über die Undankbarkeit.

Zu den bedeutendsten Profanbauten der Hauptstadt gehört das *Castelo de São Jorge,* eine Burganlage oberhalb der Stadt, die dem hl. Georg geweiht ist (Abb. 69). Schon allein wegen der prächtigen Aussicht auf die Stadt und den Tejo ist ein Aufstieg lohnend. Das Kastell, wohl das älteste Bauwerk Lissabons, mit seinen weitläufigen Mauern und wuchtigen Türmen erscheint von der Stadt aus als monumentale, gut erhaltene Anlage, ist aber trotz Restaurierung einzelner Teile als Ganzes eine Ruine. Es geht in seinen Ursprüngen auf die Römerzeit zurück; Türme und Mauern datieren überwiegend aus dem 5. Jahrhundert und wurden von den Westgoten errichtet. Die Araber erkannten die strategisch günstige Lage der Burg und erweiterten sie im 9. Jahrhundert. Auch in den nachfolgenden Jahrhunderten erfuhr der Komplex manche Änderung. Nach viermonatigen Kämpfen gelang es König Afonso I. Henrique im Jahr 1147, die Mauren zu vertreiben. Unter König Manuel I. war das Kastell von 1495 bis 1521 königliche Residenz.

Wie das Castelo hat auch ein großer Teil des sogenannten *Lisbôa Oriental*, der Alfama, das Erdbeben von 1755 besser überstanden als die anderen Stadtviertel. Der Rundgang durch die malerischen und fröhlichen Gassen der Altstadt wird jedem in Erinnerung bleiben.

Unter den Museen der Stadt ist an erster Stelle das *Museu Nacional de Arte Antiga* (Museum Alter Kunst) zu nennen, das wegen seiner grünen Fenster auch ›Museu das Janelas Verdes‹ heißt; ein ausführlicher Besuch darf nicht versäumt werden. Man findet dort u. a. hervorragende Werke der portugiesischen Kunst. Das Museum ist in einem Palast aus dem frühen 17. Jahrhundert untergebracht, der von den Condes de Alvor und Pombal errichtet wurde. Die Sammlungen können es mit den berühmtesten Museen der Welt aufnehmen. Die Gemäldeabteilung zieht die meisten Besucher an. Unter den portugiesischen Arbeiten ist besonders das um 1465 gemalte Polyptychon von Nuno Gonçalves hervorzuheben (Abb. 86–89). Künstler, welche die Malerei Portugals entscheidend beeinflußten, sind reich vertreten. Darunter befinden sich Werke der Niederländer und Flamen, aber auch von Meistern aus Spanien, Frankreich und England. Das berühmteste Bild ist die *Versuchung des heiligen Antonius* von Hieronymus Bosch; Memlings *Jungfrau mit Kind* und Dürers *Heiliger Hieronymus* ziehen ebenfalls die Aufmerksamkeit auf sich. Ferner sind Werke von Hans Holbein d. Ä., Bruegel, van Dyck, J. van Cleve und F. Zurbarán zu bewundern. Von den Portugiesen sind alle anzutreffen, die einen Namen haben: u.a. Frei Carlos (Abb. 90), Cristovão de Morais, Gregório Lopes. Das Nationalmuseum enthält aber auch andere Kunstschätze. Es sind hervorzuheben: Die große Kollektion von Orientteppichen, die wundervolle Keramik- und Porzellansammlung. Vergessen seien auch nicht die kostbaren Gold- und Silberarbeiten sowie die Stickereisammlung, die herrliche Arbeiten aus Portugal, Italien und Spanien enthält.

Sehenswert sind die Schätze des *Museu de Arte Sacra* und der *Biblioteca Nacional*. Sie umfaßt ca. eine halbe Million Bücher und über zehntausend wertvolle Manuskripte. Zu den Prunkstücken der Nationalbibliothek gehört eine Bibel aus Mainz von 1451.

Weltruhm genießt das *Calousti Gulbenkian-Museum*. Der Stifter, ein reicher Armenier, fand während der Wirren des Zweiten Weltkriegs in dem vom Krieg verschonten Portugal Zuflucht. Er starb 1955 im Alter von sechsundachtzig Jahren. Zu den Schätzen des Museums gehören u. a. Werke von Stephan Lochner (*Darstellung im Tempel*, 1445), Dirk Bouts (*Verkündigung*), Rubens, Rembrandt, Frans Hals, Manet, Renoir, Monet und Degas. Großartig sind auch die umfangreiche Sammlung von Azulejos, eine der größten und schönsten in der Welt, die Münzsammlung und die Arbeiten aus den Ländern des Islam, China und Japan.

Unter Lissabons zahlreichen Museen sind ferner sehenswert das *Museu Militar* mit seiner bedeutenden Waffensammlung, das *Archäologische Museum* in der früheren Kirche ›Do Carmo‹, in dem u. a. bronzezeitliche und römische Funde, mittelalterliche Sarkophage und Azulejos zu sehen sind. Auch das *Museu de Arte Contemporânea* (Museum für moderne Kunst) ist eines Besuches wert, da die Gegenwartsmalerei Portugals hier geschlossen vertreten ist. Die Werke stammen von den Künstlern Columbano, Lupi, Malhoa, Salgado, Anunciação, Gameiro, Soares dos Reis, Sousa Lopes und Sousa Pinto.

Belém

Auch Lissabons berühmter Vorort *Belém*, westlich der City am Tejo gelegen, besitzt im *Museu Nacional dos Coches* eines der größten und bedeutendsten seiner Art in der Welt (Abb. 85). Dieses Kutschenmuseum ist im alten Reitstall des ›Paço de Belém‹ untergebracht, eines Schlosses, in dem heute der Staatspräsident wohnt. Das Bauwerk aus dem 18. Jahrhundert liegt in einer Gartenanlage, der ›Quinta de Baixo‹, die König João V. anlegen ließ. Der Palast wurde von seinem Sohn José I. errichtet. Der Entwurf des neoklassizistischen Museumstrakts stammt von dem italienischen Architekten Giacomo Azzolini, der in der Baukunst Portugals sonst nicht hervorgetreten ist. Der Hauptsaal hat eine Länge von ca. 50 m und eine Breite von 17 m. Die Ausschmückung aus dem Jahr 1777 besorgten die Maler Nicolas Delarive und Francisco von Setúbal. Die Sammlung umfaßt 62 Kutschen verschiedenster Art, außerdem Sänften, Pferdegeschirr, Sättel, Uniformen und Bilder. Die älteste Karosse aus dem 16. Jahrhundert ist eine spanische Arbeit. König Philipp II. von Spanien soll 1581 in ihr nach Lissabon gefahren sein, als er die Herrschaft über Portugal antrat. Der Wagen ist mit Leder ausgeschlagen; auf das reich verzierte vergoldete Dach konzentrierte sich die Kunstfertigkeit der Handwerker. Eine besonders wertvolle französische Kutsche aus dem 17. Jahrhundert gehörte der Nichte des Sonnenkönigs Ludwig XIV., der späteren Gemahlin der Könige Afonso VI. (1656–1683) und Pedro II. (1683–1706). Unter den vielen prunkvollen und meist im besten Zustand erhaltenen Karossen ist noch ein Prachtstück zu erwähnen, die Kutsche, welche Papst Clemens XI. 1715 König João V. zum Geschenk machte, als dieser in Rom weilte. Der offene Wagen ist mit teilweise fast mannshohen Figuren aus der Mythologie geschmückt. Am eindrucksvollsten sind zwei Greise, die sich die Hand reichen und die Flüsse der beiden Weltstädte Lissabon und Rom, den Tejo und den Tiber, symbolisieren.

Zu den portugiesischen Künstlern, die bei der Gestaltung und Bemalung der Kutschen mitgewirkt haben, gehörten: Pedro Alexandrino de Carvalho, Cirilo Volkmar Machado, Bento Coelho da Silveira und Jerónimo de Barros Ferreira. Ein Besuch des

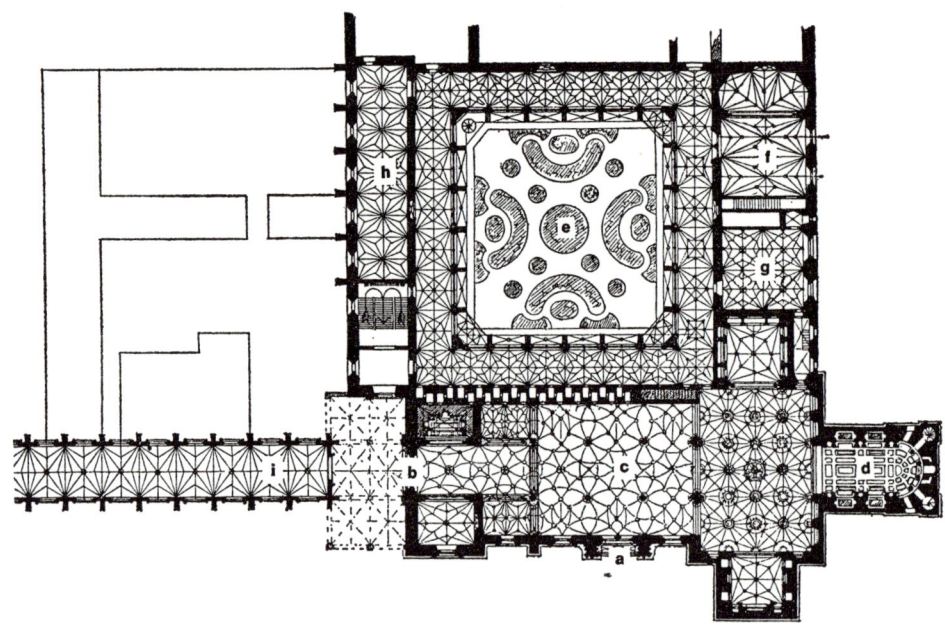

Belém, Grundriß des Hieronymiten-Klosters a Südportal b Westportal c Kirche d Chor
e Kreuzgang f Kapitelsaal g Sakristei h Refektorium i Dormitorien (Ethnologisches
Museum)

Museums mit seinen Wagen aus Portugal, Spanien, Frankreich, Italien, England und
Österreich sollte bei einem Aufenthalt in Belém nicht versäumt werden.

Zu den berühmtesten und eigenwilligsten Bauwerken Portugals zählt der *Torre de
Belém* (Farbt. 4; Abb. 68). Der dreistöckige Turm wurde zwischen 1515 und 1520
zu Schutz und Verteidigung der Tejo-Mündung gebaut. Der massig wirkende Wehrbau,
der lange Zeit als Staatsgefängnis gedient hat, ist ein Werk des Portugiesen Francisco
de Arruda (1510–1547), der mit seinem Bruder Diogo und den Baumeistern Boytac
und Mateus Fernandes zu den bedeutendsten Vertretern des manuelinischen Stils gehört.
Der Turm weist aber auch sowohl maurische wie auch romanische und gotische Elemente
auf; auch marokkanische Einflüsse sind nicht zu verkennen. Interessant sind die kleinen
Rundtürme, die in ungleicher Höhe an den Ecken angebracht sind und den Eindruck
der Schwere etwas mildern. Für den Portugiesen hat der Torre de Belém vor allem
geschichtliche Bedeutung. Von hier aus stachen mutige Entdecker in See, von hier aus
brach Vasco da Gama auf und legte das Fundament für Portugals riesiges Kolonialreich.

Eng mit der Geschichte der Entdeckungen verbunden ist auch ein anderes welt-
berühmtes Bauwerk von Belém: der *Convento do Jerónimos de Belém*, im deutschen
Sprachraum als ›Hieronymiten-Kloster‹ bekannt (Farbt. 3; Abb. 77–82). Die Hie-

ronymiten waren Angehörige eines im späten 14. Jahrhundert gegründeten Mönchsordens, die ihr Leben dem hl. Hieronymus geweiht hatten, einem lateinischen Kirchenlehrer des 4. Jahrhunderts. Der Orden wurde 1835 aufgelöst, da sich das Leben der Mönche zu sehr verweltlicht hatte.

Heinrich der Seefahrer hatte an der Stelle, wo sich heute das Kloster befindet, eine Kapelle errichten lassen, in der Bittgebete gesprochen wurden, bevor die Seefahrer in die Welt hinaussegelten. Im Jahr 1496 gelobte König Manuel I., hier ein Kloster zu bauen, falls Vasco da Gama von seiner am 8. Juli 1497 angetretenen Fahrt nach Indien glücklich heimkehre. Als Vasco da Gama 1499 wohlbehalten wieder in Lissabon eintraf, wurde er mit Ehren überhäuft. 1502 wurde der Grundstein zu dem Bauwerk gelegt, das durch seine Schönheit und seinen Reichtum, aber auch durch seine Größe zu den bedeutendsten Bauwerken des Christentums gehört. In seiner Anlage ist das Kloster ein Paradebeispiel für den manuelinischen Stil. Die Großzügigkeit des Äußeren wird durch das kostbare Innere ergänzt. Manuel I. standen für die Ausstattung nach der Eroberung überseeischer Gebiete unermeßliche Schätze zur Verfügung. Die Pläne lieferte einer der fähigsten Baumeister Portugals, Diego Boytac – in der Kunstgeschichte erscheint er auch als Jacques Boytac oder Bojtac. Seine Herkunft ist nicht sicher. Wahrscheinlich stammt er aus dem Languedoc, der historischen, seit 1361 zu Frankreich gehörenden Provinz mit der Hauptstadt Toulouse. Sein Name erscheint schriftlich erstmals im Jahr 1490. Boytac war auch am Bau der Kathedrale von Guarda im Nordosten Portugals maßgeblich beteiligt, der höchstgelegenen Kirche auf der Iberischen Halbinsel (1061 m). Außerdem wirkte er beim Bau des ›Mosteiro de Santa Cruz‹ in Coimbra mit. Nicht zu vergessen ist die Arbeit dieses Baumeisters am ›Königlichen Kreuzgang‹ des weltberühmten Klosters ›Santa Maria da Vitória‹ in Batalha im Westen des Landes. In Batalha ist Boytac um das Jahr 1525 gestorben. Von 1517 an war der gebürtige Spanier João do Castilho am Bau des Hieronymiten-Klosters maßgeblich beteiligt. Weitere Arbeiten von ihm finden wir im Zisterzienser-Kloster ›Santa Maria‹ in Alcobaça in der Nähe von Batalha und in Batalha selbst. Um 1515, zwei Jahre vor Aufnahme der Arbeiten in Belém, schuf er in Tomar die Westfassade der Kirche des ›Convento de Christo‹. Der Meister soll um 1552 gestorben sein. Neben den Baumeistern Boytac und João do Castilho ist auf die berühmten Bildhauer Diogo do Castilho, Nicolas Chanterène, Diogo de Torralva und Jean de Rouen zu verweisen.

Die Klosterkirche, eine Hallenkirche, die stilistisch zwischen Spätgotik und Frührenaissance steht, hat große Ausmaße: 95 m mißt sie in der Länge und 25 m in der Breite (Abb. 82). Das Längsschiff hat drei Querschiffe von 25 m Höhe und 19 m Breite. Meisterlich ist die Konstruktion des João do Castilho, der das Gewölbe der Querschiffe auf nur je zwei Säulen aufstützte, wodurch die elegante Leichtigkeit unterstrichen wird. Die Decke, die auf insgesamt sechs Achtkantpfeilern ruht, ist eine Mischung aus Kelch- und Netzgewölben. Von manchen wird der überladene, schmuckreiche Stil gerügt. Aber der Freund der ›arte manoelina‹ wird sich von dem herrlichen Bauwerk nur schwer trennen. Das Südportal von Boytac zeigt die höchste Steigerung der Ausschmückung und ist eines der artistischsten Werke des manuelinischen Stils und der abendländischen Architektur. Das Westportal, eine Arbeit Chanterènes von 1517, ist ebenfalls ein Höhepunkt des nationalen portugiesischen Stils. Im Gegensatz zum Gesamteindruck hat die ›Capela Mor‹, die Chorkapelle mit dem Hauptaltar, eine gewisse Schwere. Diese Apsis in der Art der Hochrenaissance stammt von Jean de Rouen, einem französischen Bildhauer, der sich im ersten Drittel des 16. Jahrhunderts in Coimbra niedergelassen hat. Seine Arbeiten fanden weite Verbreitung, doch kamen wenige über ein gewisses Mittelmaß hinaus. Auf dem schönen Hauptaltar, einer Arbeit des Hofmalers Cristavão Lopes (1516–1594), ist die Leidensgeschichte Christi dargestellt. Der ›Coro alto‹, der Renaissance-Hochchor, datiert aus dem Jahr 1572 und wurde unter dem aus Spanien stammenden Bildhauer und Baumeister Diogo Torralva ausgeführt, der zuletzt die ca. sieben Jahrzehnte dauernde Bautätigkeit am Hieronymiten-Kloster leitete.

Der einzigartige zweigeschossige Kreuzgang ist ein Prunkstück des Klosters (Abb. 79, 80). Die obere Galerie wurde von João do Castilho, die untere von Diego Boytac entworfen. Der Formenreichtum der Säulen und Bogen kann mit Worten nicht beschrieben werden; alles wirkt so leicht, als ob das Material gar nicht Stein wäre.

Im Hieronymiten-Kloster befinden sich die Grabmäler berühmter Persönlichkeiten. Neben Vasco da Gama (Abb. 83) ruhen hier u. a. der Dichter Luis de Camões (Abb. 84) und die meisten Angehörigen der Dynastie Aviz. Auch der Kardinal-König Henrique fand im ›Convento do Jerónimos‹ seine letzte Ruhestätte.

Man sollte in Belém auch das *Museu Etnológico*, das Völkerkundemuseum, mit seinen vorgeschichtlichen, iberischen und römischen Sammlungen besuchen. Wer an Sitten und Bräuchen und ganz allgemein an Volkskunst interessiert ist, dem bietet das nicht weit entfernte *Museu de Arte Popular* reiches Anschauungsmaterial.

Queluz

Viele Kleinode portugiesischer Kunst liegen in der Umgebung Lissabons. Etwa 30 km sind es bis Sintra, wenn man die Straße nimmt über Lissabons elegantesten Vorort Benfica, der dem berühmten Fußball-Klub den Namen gegeben hat. Auf halbem Wege zwischen Lissabon und Sintra steht eines der schönsten Schlösser Portugals, *Queluz* (Abb. 63). Der ›Palácio Nacional de Queluz‹, wie er exakt heißt, war ehemals eine königliche Sommerresidenz. An dem Bau waren zwei Architekten beteiligt, in erster Linie der Portugiese Mateus Vicente de Oliveira (1710–1786) und ferner der Franzose Jean-Baptiste Robillon. Oliveira war Schüler des deutschen Erbauers des Klosters Mafra, J. Friedrich Ludwig. Der Palast wurde unter Königin Maria I. zwischen 1747 und 1760 im Rokokostil errichtet und gilt nach einer englischen Darstellung als »eines der schönsten Dinge, die das 18. Jahrhundert hervorgebracht hat«. Von edlem Geschmack zeugen die Möbel, vor allem die mit Seide bezogenen Sessel aus dem 18. Jahrhundert; besondere Beachtung verdienen die Decken und Täfelungen. Der gepflegte Park im französischen Stil mit seinen kunstvollen Wasserspeiern ist eine Sehenswürdigkeit. Die Azulejo-Verkleidung des Wasserbeckens im tiefer gelegenen Teil der Anlage ist außergewöhnlich. Im Schloß werden heute oft bevorzugte Staatsgäste untergebracht. Einige Räume stehen zur Besichtigung frei.

Wer portugiesische Spezialitäten genießen will, besuche das Restaurant ›Conzinha Velha‹ in der ehemaligen Palastküche; zu den Besonderheiten des Hauses gehören vor allem verschiedenartig zubereitete Fischgerichte.

Sintra

Nach viertelstündiger Fahrt erreicht man *Sintra*. Das Städtchen, wegen seiner herrlichen Lage und seines milden Klimas seit Jahrhunderten ein bevorzugter Ferienplatz, besteht aus drei zusammengewachsenen Teilen – Sintra, Santa Maria und São Pedro de Sintra – und liegt am Fuße der Serra de Sintra, eines bewaldeten Höhenzugs. Hoch über dem alten Ort thront das *Kastell*, das schon die islamische Herrschaft erlebt hat. 1147 wurde die Festung den Mauren durch König Afonso Henrique entrissen. Nach ihrem Fall ging die Eroberung von Mittel- und Südportugal zügig weiter; gerade diese Gebiete hatten dem christlichen Heer heftigsten Widerstand geleistet. Das Kastell, das älteste Bauwerk Sintras, liegt etwa 450 m über der Stadt und wurde zwischen dem 8. und 10. Jahrhundert errichtet.

In der Stadt ist der *Königliche Palast*, der ›Paço Real de Sintra‹, das bedeutendste Monument. Das Schloß, Stammsitz der Könige aus dem Hause Aviz, fällt durch zwei eigenartige konische Türme auf, die maurisch gestalteten Schornsteine der Küche (Abb. 61, 62). Der Mittelteil aus dem 14. Jahrhundert, die Erweiterung einer früheren Burganlage, wurde zum Teil durch bauliche Veränderungen entstellt, enthält aber einige historisch eindrucksvolle Räume, von denen der Waffensaal, der Schwanensaal (dos Cisnes), der Elsternsaal (dos Pegas) und die Kapelle hervorzuheben sind. Das Schloß, dessen übrige Anlagen aus der Zeit Manuels I. stammen, ist ein Stilgemisch aus maurischen, gotischen und manuelinischen Elementen.

Der jüngste Palast der Stadt ist das zwischen 1840 und 1850 errichtete *Schloß von Pena*, das sich auf einem der drei Hügel oberhalb von Sintra erhebt. In der romantischen Burganlage sind Stilmerkmale aller Epochen im Geist des 19. Jahrhunderts nachempfunden. Wie der Palast in Sintra diente es als königlicher Sommersitz. In das Bauwerk wurde eine Klosteranlage, die Manuel I. zwischen 1503 und 1511 hatte erbauen lassen, teilweise einbezogen. Die Pläne des heutigen Baus stammen von dem deutschen Architekten Baron von Eschwege. Das Innere des Schlosses enthält kostbare Möbel, Porzellane und Waffen. Der Besucher wird nicht versäumen, einen Rundgang durch die Gartenanlagen mit ihren exotischen Bäumen zu unternehmen, die zu den schönsten Europas gehören. Richard Strauß, der den ›Parque de Pena‹ besucht hat, war von dieser herrlichen Anlage so entzückt, daß er darüber schrieb: »Dies ist der glücklichste Tag in meinem Leben. Ich bin in Italien, auf Sizilien, in Griechenland und in Ägypten gewesen. Aber niemals habe ich etwas Sehenswerteres gesehen. Dies ist die schönste Stelle, die mir jemals vor Augen kam.«

Von den Kirchen Sintras sind die *Igreja Santa Maria* und die *São Martinho* aus dem 12. Jahrhundert zu erwähnen. Beide litten durch wiederholte Restaurierungen.

Das *Stadtmuseum* beherbergt wertvolle und interessante Objekte aus der Frühgeschichte. Zu den Sehenswürdigkeiten in der Umgebung gehört der *Monserrate-Park*, der in der Mitte des 19. Jahrhunderts von dem Engländer Francis Cook angelegt wurde. Er ist mit seinen über 3000 verschiedenen Pflanzen und Bäumen aus aller Welt einer der größten botanischen Gärten der Erde.

Mafra

Zu den unvergeßlichen Erlebnissen einer Fahrt durch Portugal ist der Besuch des Klosters von *Mafra* zu rechnen. Das Städtchen liegt nur wenige Kilometer von Sintra entfernt. Der Komplex mit Basilika, Kloster und Königlichem Palast wird oft mit dem Escorial bei Madrid verglichen, übertrifft dieses Vorbild jedoch an Größe (Abb. 57, 58,

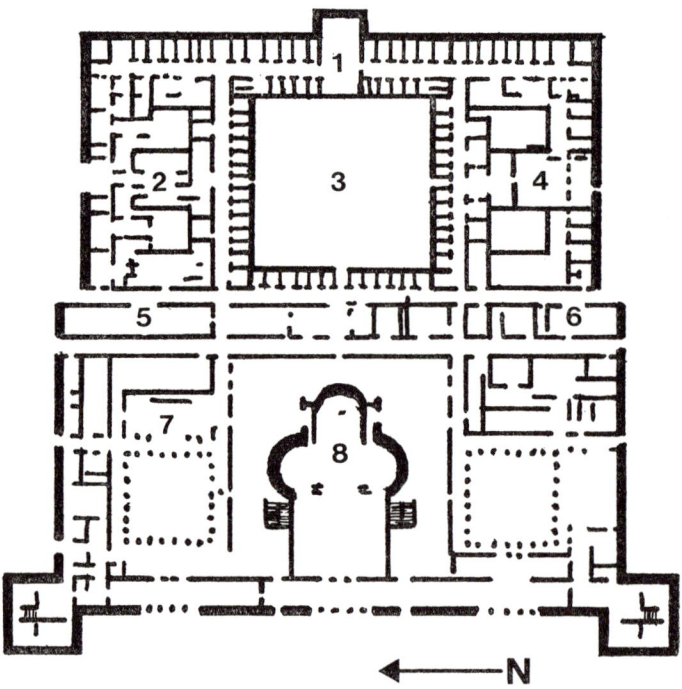

Mafra, Grundriß des Klosters

1 Bibliothek
2 Räume der Königin
3 Klosterhof
4 Räume des Königs
5 Speisesaal
6 Kapitelsaal
7 Sakristei
8 Basilika

59). Die Gründung geht auf ein Gelübde König Joãos V. und seiner Frau, Maria Anna von Österreich, zurück, die sich einen Thronerben wünschten. Nach dessen Geburt, des späteren König José I. (1750–1777), wurde mit dem Bau begonnen. Die ersten, wesentlich bescheideneren Pläne wurden von dem König, der als Kind seiner Zeit zur Prachtentfaltung neigte, immer mehr erweitert, so daß die Bauten schließlich 251 m lang und 221 m breit wurden. Sie sind ein Werk des aus Süddeutschland stammenden Baumeisters J. Friedrich Ludwig und seines Sohnes Johann Peter. Die riesige Anlage, die um 1730 vollendet war, ist quadratisch gegliedert und umfaßt eine Fläche von 40 000 qm. Über 45 000 Arbeiter sollen bei dem Bau beschäftigt gewesen sein, in dem einst etwa dreihundert Mönche gewohnt haben. Der Klosterpalast ist ein Bau der Superlative: Er hat 5 200 Türen und 2 500 Fenster; 114 Glocken hängen in den beiden 68 m hohen Türmen, die die Kirche links und rechts begrenzen. Die Pracht des Barock kommt besonders in der Basilika zum Ausdruck, deren Wände mit Marmor verkleidet sind. Beachtenswert sind die Kuppel und die Skulpturen, die Zeugnis ablegen von der Kunst der Schule von Mafra, in der der Italiener Alessandro Giusti und der Portugiese Machado de Castro herausragen. Der größte Teil des in der Basilika verwendeten Goldes stammt aus Brasilien. Die Kosten, die damit verbunden waren, haben fast zu einem Staatsbankrott geführt.

Wenngleich die Anlage als Nationaldenkmal gilt, so befinden sich dennoch große Teile, besonders was den Palast angeht, in schlechtem Zustand. Gut erhalten dagegen ist die große Bibliothek, die ganz im Stil des Barock ausgestattet ist; sie wurde im letzten Drittel des 18. Jahrhunderts eingerichtet und birgt wertvolle Manuskripte (Abb. 60).

Obidos, Alcobaça

Fährt man die Straße in Richtung Norden weiter, so gelangt man nach ca. eineinhalb Stunden gemächlicher Fahrt nach Alcobaça. Von Lissabon aus über die Autobahn sind es etwa 90 km. Auf halbem Wege zwischen Mafra und Alcobaça sollte man in *Obidos* eine Pause einschalten. Das Städtchen ist wegen seines Kastells und der gewaltigen Mauern, die nahezu vollständig erhalten sind, besonders malerisch; die Befestigungsanlage geht auf maurischen Ursprung zurück. Schon Phönizier, Karthager, Kelten und Römer waren hier ansässig (Abb. 52, 53, 54).

Alcobaça mit etwa 5 000 Einwohnern hat in seinen Mauern eine der reichsten Abteien Portugals. Das Bauwerk, das sich inmitten des Ortes erhebt, gilt als eines der bedeutendsten Zisterzienserklöster Europas (Abb. 50, 51). Im Jahr 1148 durch König Afonso I. gegründet, war es Jahrhunderte lang ein religiöses Zentrum der Iberischen Halbinsel. Wie so manches andere verdankt auch dieses Kloster seine Entstehung einem Gelübde. Afonso Henrique ließ es zum Dank für den Sieg über die Mauren in der Schlacht bei Santarém errichten. 1178 begannen die Mönche mit dem Bau, um 1220

wurde das Kloster im gotischen Stil vollendet. Die Schlichtheit, die der strengen aske-
tischen Haltung der Zisterzienser entsprach, ist heute nur noch in der Kirche selbst zu
erkennen. Eindrucksvoll ist die Eleganz der Dienste, Säulen und des Rippengewölbes.

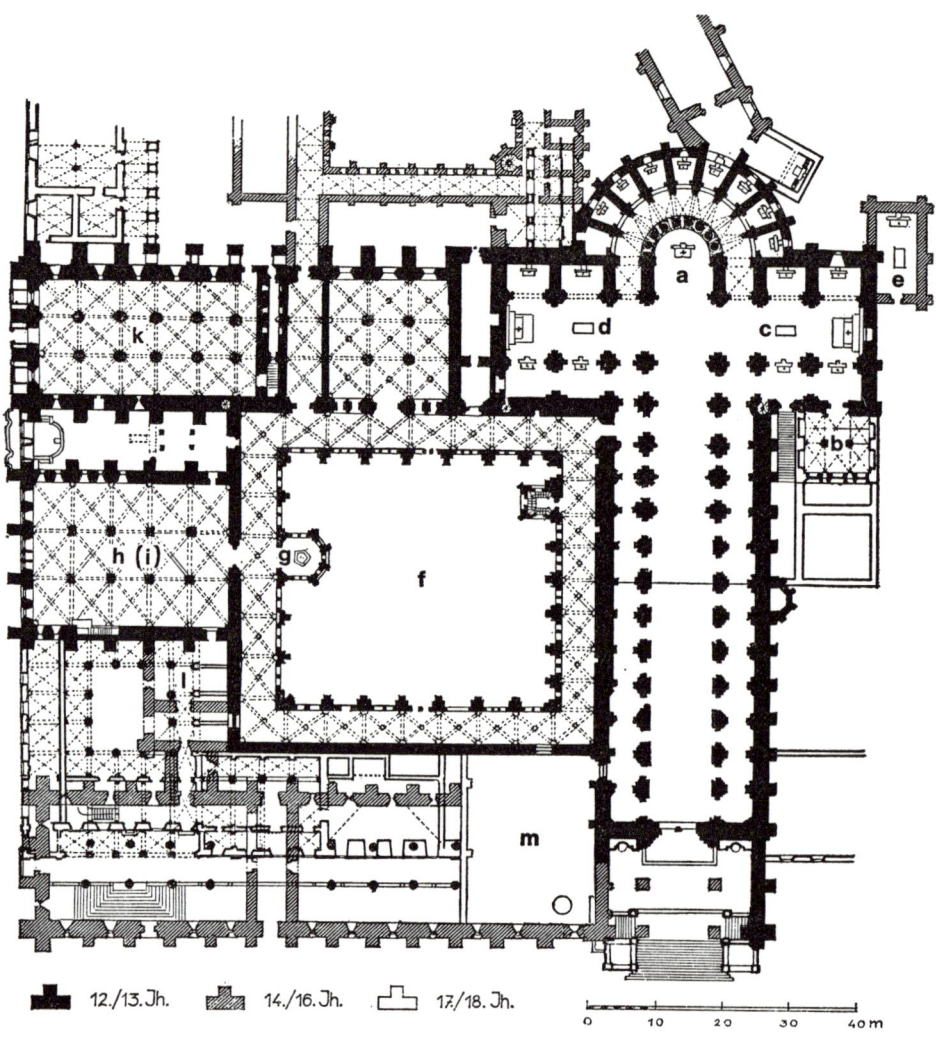

Alcobaça, Grundriß der Zisterzienserabtei   a Chor   b Grabkapelle (Capela dos Túmulos)
c/d Gräber von Pedro I. und Inês des Castro   e Grabkapelle (Sala Tumular)   f Kreuzgang von
König Diniz   g Gotisches Brunnenhaus   h Refektorium   i Großer Saal (darüber)   k Dormitorien   l Küche   m Königssaal (Sala dos Reis)

Alcobaça, Blick in die Klosterkirche

Ähnlich wie auch beim Kloster von Mafra regieren im *Mosteiro de Santa Maria* zu Alcobaça die Superlative. Mit ihrer Länge von 106 m ist die Kirche das größte Gotteshaus Portugals. Ihre Höhe beträgt 20 m, die Breite 23 m. Die dreischiffige, zwölfjochige Hallenkirche – in einer Hallenkirche sind die Gewölbe der einzelnen Schiffe gleichhoch – hat ein Querhaus, einen Chorumgang und neun Radialkapellen, die großartige Beispiele der Zisterziensergotik sind. Der Besucher kommt sich in den Weiten ein wenig verloren vor. Man bedenke, daß einst 1 000 Mönche hier dem Gottesdienst beiwohnten.

Als die Mönche das Kloster bauten, war die Umgegend noch nicht bewohnt. Sie kultivierten das Land in einer Weise, die der Bevölkerung lange Zeit als Vorbild diente. Mönche waren es auch, die das Kunsthandwerk pflegten. Terrakottafiguren des 17. Jahrhunderts verraten eine volkstümliche Frömmigkeit, die in der Buntheit der Plastiken zum Ausdruck kommt. Wohl keine Abtei des Landes genoß so viele Vorrechte wie die der Zisterzienser von Alcobaça. Besonders zur Zeit der großen Entdeckungen und auch in späteren Jahrhunderten hatten die Äbte große politische Macht.

Meisterwerke sind die Grabstätten Pedros I. und der Inêz de Castro, deren Schicksal schon geschildert wurde. Sehenswert ist der Saal der Könige, die ›Sala dos Reis‹ aus dem 18. Jahrhundert mit der prächtigen Azulejo-Verkleidung. Interessant darin sind die Statuen der portugiesischen Könige aus gebranntem Ton. Der schlichte Kreuzgang (Claustro de Silencio) vom Anfang des 14. Jahrhunderts schließt sich an das linke Seitenschiff an. Der obere Teil wurde unter König Manuel I. zu Beginn des 16. Jahrhunderts hinzugefügt. Beim Rundgang durch die Gebäude versäume man nicht, einen Blick in die gewaltige Küche zu werfen. Ihre Ausmaße waren wohl weniger durch besonders üppige Mahlzeiten verursacht als vielmehr durch die Notwendigkeit, jeden Tag tausend Mönche zu sättigen.

Zu den profanen Sehenswürdigkeiten Alcobaças gehören die Ruinen des großen maurischen *Kastells* oberhalb des Städtchens, an der sich die Wehrbereitschaft der mohammedanischen Herrscher ablesen läßt. Es ist eine der größten derartigen Anlagen Portugals.

Nazaré

Nur wenige Kilometer von Alcobaça entfernt liegt das Fischer- und Hafenstädtchen *Nazaré*. Wenngleich es hier auch keine Kunstwerke zu bewundern gibt, gehört doch ein Besuch zu den großen Erinnerungen jeder Portugal-Reise (vgl. Umschlagrückseite). Nazaré, vermutlich eine phönizische Gründung, ist seit alters ein Zentrum des Fischfangs. Malerisch sind die Trachten der Fischer, die mit ihren karierten Hosen und schwarzen Zipfelmützen wie Gestalten vergangener Jahrhunderte wirken und denen ihre schwere Arbeit im Gesicht geschrieben steht (Abb. 55). Für Freunde der Volkskunst lohnt es sich, die buntbemalten Boote näher zu betrachten.

In dem höher gelegenen Stadtteil *Sitio* befindet sich die viel besuchte Wallfahrtskapelle ›Nostra Senhora de Nazaré‹ aus dem Ende des 12. Jahrhunderts, die im 17. Jahrhundert wiederhergestellt wurde. Auch Vasco da Gama ist hierhin gepilgert, bevor er nach Indien aufbrach.

Batalha

Von Nazaré nach *Batalha* ist es nur ein Sprung. In unmittelbarer Nähe von Batalha liegt Aljubarotta, wo sich im Kampf des Jahres 1385 der Unabhängigkeitswille Portugals durchsetzen konnte. Aus Dankbarkeit für den Sieg über die Kastilier unter König Juan I. stiftete João I. das *Kloster Santa Maria da Vitória* (Kloster der hl. Maria vom Siege) in Batalha; das Wort ›batalha‹ bedeutet ›Schlacht‹ und erinnert also auch an die Geschichte. Das prachtvolle Gebäude, ein Meisterwerk gotischer Klosterbaukunst in Europa, erhebt sich mitten im Städtchen (Abb. 42, 43, 45, 46, 49). Schon allein die Ausmaße sind imposant; das Gebäude ist 178 m lang und 137 m breit. König João I. betraute 1388 den Dominikanerorden mit der Errichtung der Klosteranlage, die von dem portugiesischen Baumeister Afonso Domingues bis 1402 betreut wurde. Eine gewisse

77 LISSABON Das Südportal des Hieronymiten-Klosters (16. Jh.), einer der Höhepunkte der Manuelinik

◁ 76 LISSABON Die Capela de São João Baptista in der Kirche São Roque (Mitte 18. Jh.)

78, 79 LISSABON Hieronymiten-Kloster (16. Jh.) und zweigeschossiger Kreuzgang, manuelinische Architektur

80 LISSABON Das Hieronymiten-Kloster, Blick in den Innenhof, Paradebeispiel manuelinischer Architektur
(16. Jh.) ▷

82 LISSABON Hieronymiten-Kloster, Blick ins Innere der Kirche

◁ 81 LISSABON Hieronymiten-Kloster; der Brunnen ist eine Arbeit des Leão

83, 84 LISSABON Sarkophag des Seefahrers Vasco da Gama und Kenotaph für Luis de Camões, Portugals
berühmtesten Dichter, in der Kirche des Hieronymiten-Klosters, manuelinische Arbeiten

85 LISSABON Der Festsaal des Kutschenmuseums
86 LISSABON Nuno Gonçalves, Polyptychon vom Vinzenz-Altar: Tafel des Erzbischofs, 16. Jh. (Museu de
Arte Antiga)

▷

87–89 LISSABON Nuno Gonçalves, Polyptychon vom Vinzenz-Altar: Tafel der Fischer, Tafel der Mönche und
Tafel der Ritter, 16. Jh. (Museu Nacional de Arte Antiga)

90 LISSABON Frei Carlos, ›Himmelfahrt‹, 16. Jh. (Museu Nacional de Arte Antiga) ▷

91 ÉVORA   Der Diana-Tempel aus dem 3. Jh. n. Chr. ist eines der besterhaltenen Zeugnisse römischer Baukunst in Portugal

92 ÉVORA   Im ehemaligen Maurenviertel

93 ÉVORA Der Palast König Manuels I.

94, 95   ÉVORA   Blick auf die Kathedrale, eines der hervorragendsten Beispiele romanischer Architektur (Grundsteinlegung: 1186) und Blick ins Innere der Kathedrale

96   ÉVORA   Die Knochenkapelle in der São Francisco-Klosterkirche zeigt eine eigenwillige Form südländischer
Frömmigkeit

97 ÉVORA Das São Francisco-Kloster, vom Manuel-Palast aus gesehen. Die Kirche stammt vom Ende des 15. Jh.

98 ELVAS Blick auf die Stadt; im Hintergrund die Kathedrale, die vorwiegend im Stil des Manuelismus gehalten ist. Die Kirche stammt aus der Zeit der Gotik

99 BEJA Die Kirche ›Nossa Senhora da Conceição‹ zeigt Stileinflüsse der Gotik, des Manuelismus und der Renaissance. Im angegliederten Klarissenkloster lebte im 16. Jh. die Nonne Mariana Alcoforado

100 SILVES Eines der mächtigsten Kastelle Portugals mit großen Zisternen, es stammt aus der Zeit der Mauren-Herrschaft und wurde vor wenigen Jahrzehnten restauriert

101 MILREU Ausgrabungen der römischen Ruinen von Ossobona (Algarve)
102 Azulejos von Leopoldo Battistini aus Italien (umseitig)

Übereinstimmung mit dem Kloster von Alcobaça ist nicht zu übersehen. Domingues wird der größte Teil des Baus, Schiff und Chor mit bemerkenswerten Glasmalereien sowie das Seitenportal und der Claustro Real zugeschrieben. Die Arbeiten wurden dann durch den wahrscheinlich aus Frankreich stammenden Baumeister Ouguete fortgeführt, der die Kirche vollendete und die an das rechte Seitenschiff anschließende Gründerkapelle hinzufügte, die den kunstvoll gearbeiteten Doppelsarkophag Königs Joãos I. und dessen Gemahlin Philippa von Lancaster, ferner das Grabmal Heinrich des Seefahrers enthält. Von ihm stammt auch der Plan für ein achteckiges Mausoleum in der axialen Verlängerung der Kirche, das nie vollendet wurde und dessen Kapellenring deshalb ›Capelas Imperfeitas‹ genannt wird (Abb. 47, 48). Als im Jahr 1438 Martin Vasques und Fernando d'Évora die Bauleitung übernahm, waren wesentliche Teile der Klosteranlage schon fertiggestellt.

Unter Afonso V. (1448–1481), der einen zweiten Kreuzgang errichten ließ, und später unter Manuel I. wurden die Arbeiten weitergeführt. Die bedeutendsten Künstler dieser Periode waren der von dem Bau des Hieronymiten-Klosters zu Belém

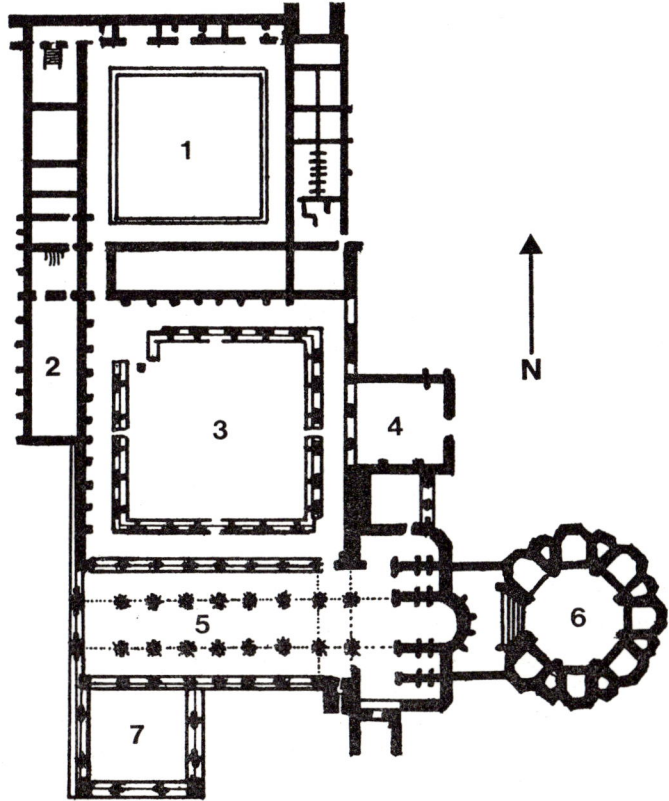

Batalha, Grundriß des Klosters Maria da Vitória

1 Kreuzgang
2 Refektorium
3 Kreuzgang (Claustro Real)
4 Kapitelsaal
5 Kirche
6 Begräbniskapelle (Capelas Imperfeitas)
7 Gründerkapelle

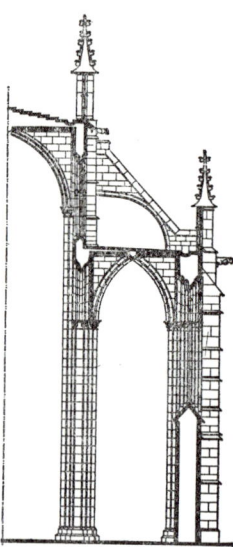

Batalha, Klosterkirche, Schnitt

bekannte Diego Boytac und der Steinmetz Mateus Fernandes, der zwischen 1490 und 1515 tätig war. Boytacs Leistung bestand vor allem in der Fortführung und Ausarbeitung des von Domingues begonnenen berühmten gotischen ›Königlichen Kreuzganges‹, des ›Claustro Real‹ (Abb. 44). Von ihm stammen die herrlichen, an Filigranschmuck erinnernden Zierformen des Maßwerks und der schlanken Säulen. Das Brunnenhaus in der Nordwestecke des Kreuzgangs ist eine Perle der Steinmetzkunst. Mateus Fernandes und sein Sohn schufen das wundervolle Portal der ›Capelas Imperfeitas‹ mit seinen einander durchflechtenden konvexen und konkaven Bögen. Der manuelinische Stil mit exotischen Einflüssen erreicht hier einen Höhepunkt.

Das Interesse Manuels I. an der Weiterführung der Bauarbeiten war allerdings nicht allzu groß. Seine Gedanken kreisten mehr um die Unternehmungen, die er selbst in Auftrag gegeben hatte, z. B. das Kloster von Belém. Unter seinem Nachfolger João III. wurde nochmals ein kurzer Anlauf unternommen. Der König ließ durch den Spanier João do Castilho 1533 eine Loggia im Renaissancestil hinzufügen, doch blieb diese unvollendet; die Christusritterkirche in Tomar genoß Vorzug, und die Arbeiten am Kloster in Batalha wurden eingestellt.

Neben dem Königlichen Kreuzgang, dem Kapitelsaal mit schönen Glasfenstern aus dem 16. Jahrhundert und den unvollendeten Kapellen ist die monumentale, dreigeteilte Hauptfassade mit dem Portal ein großartiges Beispiel für die Gotik in Portugal (Abb. 43). Das Portal ist mit einer Fülle von Steinskulpturen geschmückt. Ein anderer Höhepunkt ist das Nordportal in manuelischem Stil.

1840 wurde das Kloster von Batalha zum Nationaldenkmal erklärt und größtenteils restauriert.

Fátima

Nur 20 km sind es bis zu dem weltberühmten Wallfahrtsort *Fátima*, neben Lourdes in Südfrankreich die bekannteste Pilgerstätte der katholischen Kirche. Die meistbesuchten Prozessionen aus aller Welt finden zweimal im Jahr statt, am 13. Mai und am 13. Oktober. Täglich ist Fátima jedoch Ziel vieler Pilgergruppen in Erinnerung an die Marienerscheinungen des Jahres 1917, die drei Hirtenkinder hatten. Der heilige Komplex mit der im Neubarock errichteten Basilika, die künstlerisch bedeutungslos ist, ist riesig (Abb. 40, 41).

Leiria

Wenn man auf den Abstecher nach Fátima verzichtet, gelangt man nach Leiria, nördlich von Batalha, das in ca. fünfzehn Minuten erreicht wird. Von dort führt die Straße wieder in Richtung Coimbra. *Leiria*, zur Römerzeit eine strategisch wichtige Ansiedlung, ›Collippo‹ genannt, hat eine herrliche Lage am Zusammenfluß von Lis und Lona. Die knapp 9 000 Einwohner zählende Stadt wird von der Ruine des alten Kastells, dem ›Castelo de Leiria‹, beherrscht, das als Grenzfestung gegen die Mauren im ersten Drittel des 12. Jahrhunderts errichtet wurde; aus dieser Zeit stammen die guterhaltenen Mauern (Farbt. II). Unter Afonso I. begonnen, wurde die Burg unter König Diniz zu Beginn des 14. Jahrhunderts erweitert und mit dem Wehrturm ausgestattet, einem der mächtigsten in Portugal. Die Kathedrale aus dem 16. Jahrhundert ist ein schöner Renaissancebau. Sie wurde von dem Baumeister Afonso Avares entworfen; bemerkenswert ist das ausgewogene Kirchenschiff.

Tomar

Von Batalha führt eine gute Straße über Fátima nach *Tomar,* der etwa 13 000 Einwohner zählenden alten Stadt am Rio Nabão. Eine Kunstreise durch Portugal ohne den Besuch von Tomar wäre unvollständig. Schon die Lage Tomars gehört zu den idyllischsten des Landes. Die Kloster-Stadt verdankt ihren Ursprung dem Templerorden, der in der Geschichte Portugals eine bedeutende Rolle spielte. 1119 als Ritterorden zum Schutz der heiligen Stätten in Akkon in Palästina entstanden, tat er sich in Portugal vor allem im Kampf gegen die Mauren und bei der Rückeroberung des Landes hervor. Als der Orden von Philipp IV. von Frankreich, der ihm seine großen Besitzungen neidete, der Ketzerei beschuldigt und 1312 von Papst Klemens V. aufgelöst wurde, gründete König Diniz I. 1317 als Nachfolge der Templer den Christusritterorden (Ordem de cavallaria de Nosso Senhor Jesús Christo), der mit den Gütern des aufgelösten Templerordens dotiert wurde. Die Christusritter zeichneten sich besonders

Stadtplan von
Tomar

1 Christus-
  ritterkloster
2 Templer-
  Burg
3 Kinder-Park
4 Capela de
  N. S. da
  Conceição
5 Capela de
  S. Gregório
6 Stadtbiblio-
  thek
7 S. João Bap-
  tista-Kirche
8 Misericórdia-
  Kirche
9 Justiz-Palast
10 Kirche des
   S. Francisco-
   Convents
11 Markt
12 Kirche Santa
   Maria do Oli-
   val
13 Santa Iria-
   Kirche

bei den Entdeckungsfahrten und in den Kolonien aus. Heinrich der Seefahrer war Großmeister des Ordens, und seine Schiffe hatten auf ihren Segeln das Ordenszeichen. Ursprünglich ein reiner Ritterorden, wurde er im Jahr 1523 in einen Mönchsorden umgewandelt, der 1910 durch den Papst aufgelöst wurde.

Die Anlage der Templer in Tomar, eines der großartigsten Bauwerke Portugals und der christlichen Welt (Abb. 39), geht auf das Jahr 1160 zurück und wurde von dem Großmeister des Ordens, Gualdim Pais, als Klosterburg geplant. Wie an allen bedeutenden Baukomplexen, so wurde auch an diesem Jahrhunderte (vom 12.–17.) hindurch gebaut, was zu wesentlichen Veränderungen führte. Die Lage auf einem Hügel, die gewaltigen Mauern und Wälle verraten die anfängliche Absicht, eine Wehrburg zu errichten, die zugleich Hauptsitz der portugiesischen Templer war. Als Vorbild für die Templerkirche gilt die Kirche vom Heiligen Grab in Jerusalem. Die Christusritterburg, der *Convento da Ordem de Christo*, bestand aus einer Anzahl mächtiger Bauten, von denen heute einige nur noch als Ruinen erhalten sind.

Das Portal mit dem in Stein gemeißelten prächtigen Laubwerk, das in die Christusritterkirche führt, den im 16. Jahrhundert erweiterten Bau der ursprünglichen Anlage der Templer, ist ebenso wie die ganze großartige Südfassade ein Entwurf des João do Castilho (1515) im manuelinischen Stil mit italienischen Elementen (Abb. 34). Die Templerkirche (heute Chor der Gesamtkirche) ist ein byzantinisch beeinflußter sechzehnseitiger Zentralbau. Die Mitte mit dem Hochaltar ist ein achteckiger Raum.

In dem um 1500 von Diogo Arruda hinzugefügten Teil, dem Schiff der heutigen Christusritterkirche, herrscht der manuelinische Stil mit exotischen (indischen und ara-

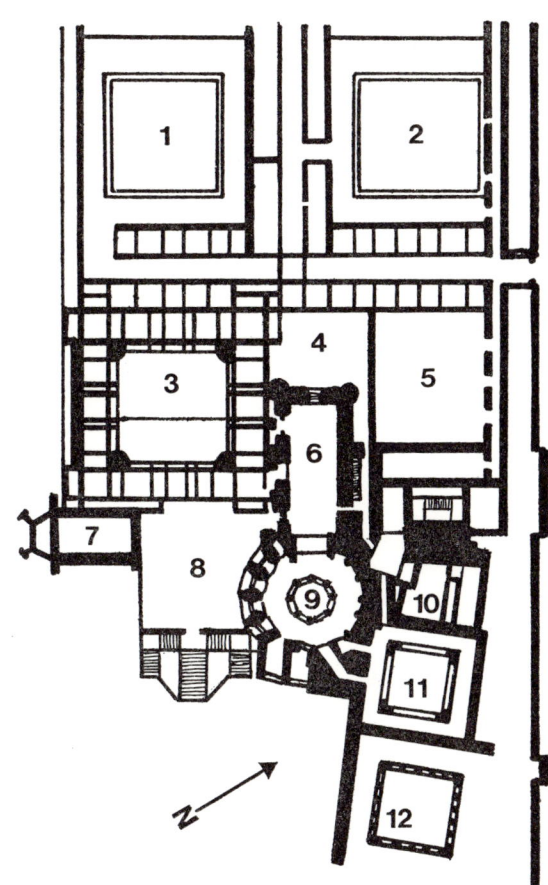

Tomar, Grundriß des Klosters

1 Kreuzgang (dos Corvos)
2 Kreuzgang (dos Micha)
3 Kreuzgang (Principal)
4 Kreuzgang (de Santa Bárbara)
5 Kreuzgang (do Hospital)
6 Kirche
7 alter Kapitelsaal
8 Terrasse
9 Heiligtum (Sanctuarium)
10 Sakristei
11 Kreuzgang (do Cemetério)
12 Kreuzgang (da Lavagem)

Tomar, Kirche Santa
Maria do Olival

bischen) Elementen vor. Künstlerische Meisterschaft verraten die Fenster des Kapitel-
saals (Abb. 36). Mit ihren filigranähnlichen, in Stein gemeißelten Zierformen sind sie
Glanzpunkte des manuelinischen Stils. Die am häufigsten verwendeten Motive, Segel,
Anker, Schiffstaue und Muscheln, entstammen dem Themenkreis der portugiesischen
Entdecker; sie sind zu einer einzigartigen Symphonie in Stein gestaltet. Die sieben
Kreuzgänge, eine Zahl, die wohl kein anderes Kloster in Europa aufweist, wurden
zwischen dem 13. und 17. Jahrhundert errichtet und bieten eine einmalige Vergleichs-
möglichkeit der portugiesischen Architektur während des Mittelalters und der folgen-
den Epochen. Der prachtvolle ›Claustro dos Filipes‹, der ›Große Kreuzgang‹, ist ein
Werk der Renaissance und für die Geschichte des Landes von Bedeutung, da sich
Philipp II. hier Portugals Krone aufsetzen ließ.

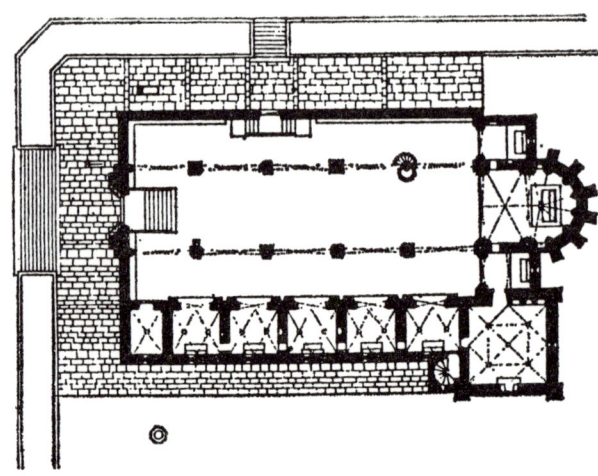

Tomar, Grundriß der Kirche
Santa Maria do Olival

Tomar, die São Gregório-Kapelle

Gotischen Stil zeigt der ›Claustro do Cemitério‹ aus der Zeit Heinrichs des Seefahrers. Sehr schön ist der Azulejo-Schmuck, eine Zutat späterer Jahrhunderte. Auch der ›Claustro da Lavagem‹ zeigt gotische Stilelemente im Gegensatz zum kleinen ›Claustro de Santa Bárbara‹, in dem manuelinische Auffassung vorherrscht.

Besuchenswert ist der Kloster-Friedhof, auf dem hervorragende Mitglieder des Ordens liegen, darunter auch der gefürchtete Faria, auf dessen Betreiben die Inquisition Eingang in Portugal fand. Die Hauptbegräbnisstätte der Ordensmeister befindet sich jedoch in der aus dem 12. Jahrhundert stammenden *Santa Maria do Olival*, der Mutterkirche der Tempelritter. Zu den berühmten Kirchen von Tomar gehört die *Santa Maria de Conceição*, eine der schönsten Basiliken Portugals im Renaissance-Stil. Den klassisch-antikischen Plan soll Diogo de Torralva (1500–1566), ein bedeutender Baumeister zur Zeit König Joãos III., entworfen haben.

Am Ende des Flußuferparkes liegt die São Gregório-Kapelle, ein achteckiges Gotteshaus mit überdachtem Säulengang und manuelinischem Portal.

In Tomar befindet sich die älteste Synagoge Portugals. Das kleine Gebäude aus dem 15. Jahrhundert ist jedoch unscheinbar und zeigt gemäß den Vorschriften des jüdischen Glaubens nur wenig Schmuckwerk.

Alle zwei Jahre findet im Juni das Fest der ›Tabuleiros‹ statt, ein Volksfest, das seit Jahrhunderten in gleicher Weise gefeiert wird und vermutlich auf die vorrömische Zeit zurückgeht. Die Mädchen balancieren Gebinde auf dem Kopf, die oft ihre eigene Größe erreichen und aus Brötchen, Würsten und Blumen zusammengesetzt sind. Oft werden auch Ähren und andere Feldfrüchte hinzugefügt. Hinter den Mädchen, die eine Art Prozession bilden, schreiten die Priester von Tomar und den umliegenden kleinen Gemeinden. Diesen folgen Bullen, die geschlachtet werden und deren Fleisch an die Armen verteilt wird. Das Fest, das in ganz Portugal bekannt ist, wird in ähnlicher Weise auch auf den Azoren gefeiert. Dorthin wurde es von den Seefahrern des 16. Jahrhunderts gebracht.

In der Umgebung von Tomar findet sich eine monumentale Wasserleitung, der Aquädukt des Pagões. Den Bau begann Philipp II. 1595, unter Philipp III. wurde er 1613 zu Ende geführt.

Der Pagões-Aquädukt in der
Umgebung der Stadt Tomar

Abrantes

Auf dem Weg zurück nach Lissabon über Santarém empfiehlt sich ein kurzer Abstecher nach *Abrantes,* einem Städtchen, dessen Lage sehr reizvoll ist. Die ehemalige Burg soll aus dem 8. Jahrhundert stammen; auf ihren Grundmauern wurde zu Beginn des 14. Jahrhunderts von König Diniz ein Schloß errichtet, von dem noch die Ruinen zu sehen sind.

Santarém

Zu den ältesten Städten des Landes gehört *Santarém,* das römische ›Iulianum Scalabitanum‹. Zwischen dem 8. und dem 12. Jahrhundert war es in Händen der Mauren. Der Ort ist reich an interessanten Bauwerken, von denen das *1676* erbaute riesige Jesuitenkolleg das bedeutendste ist. Die Azujelos im Innern mit ihren Jagdszenen und phantastischen Darstellungen zählen zu den schönsten des 17. Jahrhunderts. Die gotische Gnaden-Kirche, ›Convento da Graça‹, gegen Ende des 14. Jahrhunderts erbaut, hat ihr Vorbild in Batalha. Der Entdecker Brasiliens, Pedro Alvarez Cabral, ist in ihr begraben. Zu erwähnen sind ferner der Kreuzgang des Franziskanerklosters aus dem 13. Jahrhundert, die Torre die Cabaças und das Museum in der Kirche São João da Bandeira.

Wappen der Stadt Santarém

Stadtwappen von Évora mit dem Bild des Ritters Geraldo Sem Pavor

Évora

Eine kunsthistorisch bedeutsame Stadt ist *Évora.* Zur Zeit des römischen Prätors Sertorius, der als Anhänger des Marius zwischen 83 und 71 v. Chr. versuchte, ein von Rom unabhängiges Reich zu errichten, hieß die Siedlung ›Ebora‹, seit Cäsar ›Liberalitas Iulia‹. Sie ist eine der ältesten Städte der Iberischen Halbinsel, heute das Zentrum der Provinz Alentejo, die östlich von Lissabon an Spanien grenzt.

Schon bevor die Stadt endgültig dem Imperium Romanum einverleibt wurde – nach der Ermordung des Sertorius gelang es Pompeius, die ganze Iberische Halbinsel zu unterwerfen – hatte Évora große Bedeutung als Markt- und Umschlagplatz.

Im Zentrum von Évora finden wir einen relativ gut erhaltenen *Tempel aus der Römerzeit,* von dem man annimmt, daß er der Diana geweiht war (Abb. 91). Er stammt aus dem 3. Jahrhundert n. Chr.; vierzehn korinthische Säulen stehen noch aufrecht. Der Unterbau der Anlage ist fast ganz erhalten. Ferner gibt es noch Reste eines den Römern zugeschriebenen Aquädukts und Überbleibsel eines römischen Kastells.

Interessant und einen Besuch wert ist das *Archäologische Museum* mit zahlreichen römischen Skulpturen in den Räumen der ehemaligen Jesuiten-Universität, die gegen Ende des 18. Jahrhunderts durch Pombal nach der Auflösung des Jesuitenordens geschlossen wurde. Große Teile der alten Stadtmauer und der Wehrtürme römischen, westgotischen oder mittelalterlichen Ursprungs sind erhalten.

An maurischen Bauten ist in Évora – von den Mauren in ›Iabura‹ umbenannt – nichts erhalten. Die Anlage der Stadt zeigt jedoch deutlich maurische Prägung (Abb. 92). Die Gebäude selbst stammen, soweit es sich um die Altstadt handelt, aus dem Mittelalter.

Drei Jahrhunderte dauerte die Herrschaft der Araber; erst im Jahr 1165 gelang es Geraldo Sem Pavor, Évora den Mauren zu entreißen und die Stadt an Afonso Henrique (1110–1185) zu übergeben.

Von Geraldo wird berichtet, daß er als königstreuer Ritter seine Pflichten erfüllt habe, dann aber aus Verbitterung über erlittenes Unrecht zum Raubritter geworden sei. Nach der glücklichen Besiegung der Mauren wurde er vom König begnadigt und zum Alkalden von Évora ernannt. Zum Zeichen des Danks nahm die Stadt das Bild des ›Geraldo ohne Furcht‹ – so die Übersetzung seines Namens – in ihr Wappen auf.

Die bedeutendste Kirche der Stadt und eine der berühmtesten Portugals ist die *Kathedrale*, die Sé (Abb. 94, 95). Ihre Grundsteinlegung erfolgte 1186. Durch ihre Wuchtigkeit und Schroffheit wirkt sie mit ihren beiden mächtigen quadratischen Glockentürmen wie eine Festung. Diese beiden akzentsetzenden Türme sowie das tief angesetzte Spitzbogenportal weisen das Bauwerk aus Granit als Denkmal der romanisch-gotischen Epoche aus. Eigenartig ist der rechte Turm: Dort, wo er konisch und schuppenartig bis zur Spitze zu verlaufen beginnt, befinden sich sechs Zylindertürmchen, die ihrerseits wieder von jeweils sechs Miniatur-Türmchen abgeschlossen werden – jedes Türmchen ein Abbild des großen sechseckigen Turmes. Die Kathedrale hat Ähnlichkeit mit denen von Coimbra und von Lissabon.

Unter der in Portugal nicht sonderlich reich vertretenen Plastik gelten als hervorragende Beispiele die Portalfiguren der Kathedrale von Évora, welche die Zwölf Apostel darstellen, je sechs links und rechts des Portals – jede auf einer Rundsäule stehend. Im Gesichtsausdruck unterscheiden sie sich nicht wesentlich, in der Haltung und besonders im Faltenwurf jedoch wirken sie individueller. Die portugiesische Bildhauerei war in erster Linie Architekturplastik und zielte weniger auf Einzeldarstellungen. Die meisten Skulpturen dienen dem Schmuck von Fenstern und Portalen.

Die Hauptbauperiode der Kathedrale fiel in die Amtszeit des Bischofs Durando Pais (1267–1283) unter König Afonso III., dem Urenkel von Afonso Henrique. Afonso III. gab Portugal durch die Eroberung der Provinz Algarve die endgültigen Grenzen und machte Lissabon zur Hauptstadt seines Reiches. Vom wirtschaftlichen und kulturellen Aufschwung des Landes unter seiner Herrschaft zeugt die Kathedrale, an der in den folgenden Jahrzehnten weitergebaut wurde. Der südliche Teil des Seitenschiffes und der Kreuzgang entstanden in der Zeit Afonsos IV. (1325–1357). Der

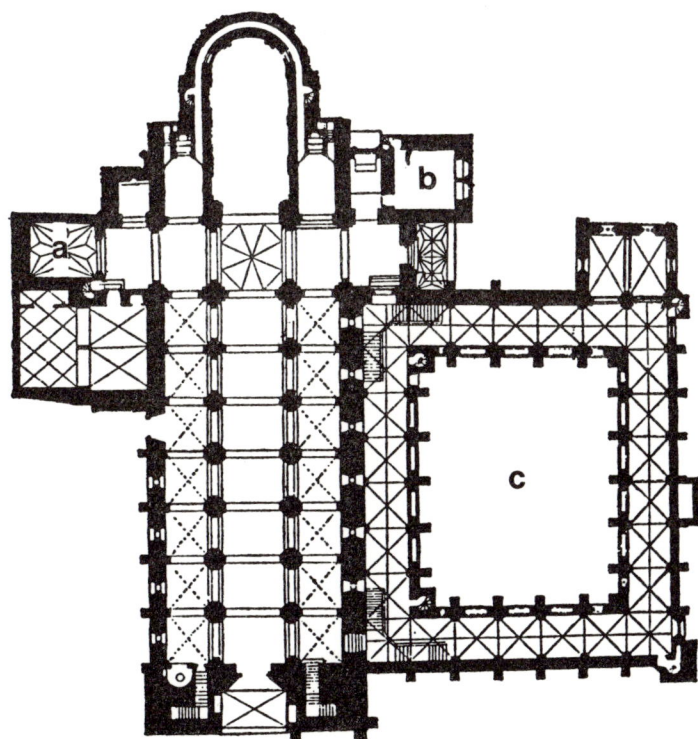

Évora, Grundriß der
Kathedrale

a Esporão-Kapelle
  der Vasconcellos
b Sakristei
c Kreuzgang

Kreuzgang hat sein Vorbild in der 1148 gegründeten und 1222 vollendeten Zisterzienserabtei von Alcobaça. Einen auffallenden Gegensatz zu dieser granitenen, mön-
chisch anmutenden Strenge bietet der Chor mit seinem reichen Marmorschmuck. Im
18. Jahrhundert wurde die Chorpartie im Stil der Zeit von Johann Friedrich Ludwig
erneuert, der in Mafra den hervorragendsten Bau des Jahrhunderts schuf (Abb. 57).
João V. (1706–1750), der im Spanischen Erbfolgekrieg auf Seiten Österreichs stand
und dessen Lebensstil zur Verarmung Portugals trotz des reichen überseeischen Besitzes
führte, erteilte den Auftrag zu der aufwendigen Restaurierung der Kathedrale.

Der Chor und die Kuppel über der Vierung sind nicht der einzige Schmuck der Sé.
Ein reich und fein geschnitztes Chorgestühl von 1562 hatte bereits die Strenge der
dreischiffigen Kathedrale eine wenig gemildert. Auch das Rotbraun des Granitsteins
schwächt die Kühle des Baus ab. Jede Steinsetzung bis hinauf zum Tonnengewölbe ist
deutlich zu erkennen, da die Zwischenräume zwischen den Steinen weiß ausgefugt sind.

Der Kirchenschatz ist sehenswert, zwar nicht übermäßig groß, dafür aber kostbar.
Das berühmteste Stück ist eine kleine Elfenbein-Madonna aus dem 13. Jahrhundert.
Beim Öffnen des Flügelaltärchens erscheinen sehr fein gearbeitete Szenen aus dem
Marienleben. Schön sind die Email- und Goldschmiedearbeiten des 16. und 17. Jh.

Die Gemälde im *Regionalmuseum,* das im benachbarten ehemaligen Bischöflichen Palais untergebracht ist, sind Arbeiten flämischer Maler, die sich in den ersten Jahrzehnten des 16. Jahrhunderts in Évora niederließen. Ihre Themen sind religiöser Art, vornehmlich Darstellungen aus dem Marien-Leben. Die beiden bedeutendsten Maler, Frei Carlos und Francisco Henriques, kamen wahrscheinlich aus Gent oder Brügge. Frei Carlos war als Mönch im Kloster Espinheiro in Évora zwischen 1517 und 1540 tätig, zu der Zeit, als in Mittel- und Nordeuropa die Wogen der Reformation immer höher zur schlagen begannen. Er bemühte sich, ähnlich wie sein Landsmann F. Henriques, dessen Hauptschaffensperiode in die Jahre 1500 bis 1518 fällt, flämische und portugiesische Malerei zu verschmelzen.

Höhepunkte in der Kunst Portugals sind die ebenfalls im Museum ausgestellten Leer- oder Gedächtnisgräber, die Kenotaphe, die zum Andenken an D. Alvaros da Costa (1535) und an den Bischof D. Afonso de Portugal (1537) geschaffen wurden. Beide Werke stammen von dem Bildhauer und Baumeister Nicolas Chanterène, der zwischen 1533 und 1540 in Évora wirkte, nachdem er 1517 seine künstlerische Tätigkeit in Portugal mit der Arbeit am Hauptportal der Kirche von Belém aufgenommen hatte. Weitere bedeutende Schöpfungen dieses Künstlers, der uns vom Chronisten Garcia de Resende als ein hochgebildeter Künstler und Humanist nach italienischer Manier beschrieben wird, befinden sich in Sintra und Coimbra.

In Évora gab es bereits im 13. Jahrhundert eine einflußreiche Bildhauerschule, doch gelang es erst Nicolas Chanterène, Évora zu einem Zentrum der Bildhauerkunst auf der Iberischen Halbinsel zu machen.

Eine eigenartige Kapelle ist die *Ermida de São Brás,* die 1485 nach einer schweren Pest erbaut wurde. Der spätgotische, maurisch beeinflußte Bau gleicht einer kleinen Burg. Als Erbauer gilt König João II.

Lange Zeit nahm Évora eine Sonderstellung unter den Städten Portugals ein. Im frühen 14. Jahrhundert hatte sie König Afonso III. als königliche Residenz gewählt; die Könige Diniz und Afonso IV. folgten dem Beispiel.

Évora, Ermida de São Brás

Évora, Palast König Manuels I.

Am stärksten wurde die Baukunst unter Manuel I., dem Glücklichen, wie ihn die Portugiesen nennen, gefördert. Der *Palast,* der seinen Namen trägt und eines der schönsten Bauwerke der Stadt ist – unter Manuel stand das Land auf dem Höhepunkt seiner Macht –, war bereits vorhanden, als er seine Herrschaft antrat (Abb. 93). Manuel ließ ihn jedoch in umfassender Weise umbauen, was dazu führte, ihn als eigentlichen Erbauer zu bezeichnen. Man berichtet, daß hier in früheren Jahrhunderten luxuriöse Fürstenhochzeiten gefeiert wurden, und die Chronisten der Zeit, Durante Galvão (1443–1517) und Garcia de Resende (1470–1536), waren überzeugt, daß »eine Entfaltung mächtigeren Glanzes unmöglich irgendeinmal und irgendwo stattgefunden haben kann...«

Als Königssitz war Évora Mittelpunkt des politischen und kulturellen Lebens. Der Chronist Galvão erzählt anschaulich, daß in den verspielt-eleganten Hallen des Palastes der Dichter und Dramatiker Gil Vicente, der Begründer des portugiesischen Theaters, einer vornehmen Gesellschaft beim Schein der Fackeln bis tief in die Nacht aus seinen Werken vorgetragen habe. Gil Vicente soll um 1470 in Lissabon geboren sein und war vielleicht mit einem Goldschmied gleichen Namens identisch. Er wäre dann jener Künstler, der aus dem ersten Gold, das portugiesische Seefahrer aus Indien mitbrachten, die berühmte ›Custodia de Belém‹ angefertigt hat. Diese Monstranz schenkte König Manuel im Jahr 1502 zum Dank für die Entdeckung Indiens dem Kloster in Belém.

Gil Vicente hatte viele Neider, die es verstanden, Ruhm und Ehre des Dichters zu schmälern. Im Jahre 1536 ist er in großer Armut gestorben.

Dem königlichen Glanz, den Évora durch Manuel I. erhielt, fügte sein Sohn, der Kardinal-Infant, dessen Grab sich im Kloster der Hieronymiten von Belém befindet, den kirchlichen hinzu. Als erster Erzbischof der Stadt (1540) wurde er Kardinal und Großinquisitor des portugiesischen Reiches. Im Jahr 1550 gründete der Kardinal und spätere König Henrique eine Jesuiten-Universität in Évora. Als im 18. Jahrhundert

Évora, Kirche São
Francisco

der Orden aufgehoben wurde, schloß auch die Universität ihre Pforten. Heute befindet sich in den Räumen ein Kollegium. Die angegliederte Bibliothek enthält eine Handschriftensammlung von etwa 2 000 Exemplaren.

Zahlreich sind die Brunnen in den Straßen und auf den Plätzen der Stadt; einer der schönsten aus dem Jahre 1556 steht auf dem ›Largo das Portas de Moura‹. Als Brunnenfigur zeigt er eine Weltkugel, Sinnbild für Portugals einstige Macht. An dem gleichen Platz gibt es ein weiteres Juwel, das Palais ›Casa Cordovil‹, ein Schlößchen aus dem 16. Jahrhundert mit graziösen Erkern und Arkaden.

Estremoz, Bergfried vom
Kastell

Ein hochinteressantes Bauwerk ist die gotisch-manuelinische Kloster-Kirche *São Francisco* aus dem 15. Jahrhundert mit einem freien Kuppelgewölbe auf Pilastern (Abb. 97). Das Kirchenschiff wirkt wie eine riesige Halle. Die Säulen und Wände der im 17. Jahrhundert angebauten Kapelle ›Casa dos Ossos‹ (Haus der Knochen) sind mit Menschenknochen und Menschenschädeln bedeckt (Abb. 96).

Évora hat vieles gesehen – Hinrichtungen, Revolutionen, Morde –, heute aber steht die Besinnlichkeit, die Ausgeglichenheit an erster Stelle. Auf den Besuch der Stadt sollte man auf einer Portugal-Reise nicht verzichten; der Kunstfreund wäre um ein unvergeßliches Erlebnis ärmer.

Estremoz

Nicht weit von Évora entfernt liegen im Nordosten die beiden Städte Estremoz und Elvas. Auf direktem Wege sind sie auch von Lissabon aus über die Fernstraße zu erreichen, welche die Hauptstadt des Landes mit der spanischen Grenzstadt Badajoz verbindet und von dort weiter nach Madrid führt. *Estremoz* ist eine sehr urtümliche Stadt, deren alter Teil mit ihren engen, maurisch anmutenden Gassen besonders sehenswert ist. Dem Besucher werden die kleinen Fenster der Häuser auffallen; das ist klimatisch bedingt, denn wir befinden uns hier in dem heißesten Gebiet des Landes, in

Stadttor in Estremoz

dem der Sommer extreme Hitzegrade aufweisen kann, in dem aber die Nächte auch empfindlich kalt sein können. Die Stadt wird von einem guterhaltenen *Kastell* aus der zweiten Hälfte des 13. Jahrhunderts überragt, dessen wuchtiger, mit seinen Zinnen dennoch elegant wirkender 27 m hoher Bergfried weithin sichtbar ist. Das Kastell wurde unter König Diniz errichtet, aber im 18. Jahrhundert z. T. verändert, wobei der Bergfried in seinem alten Zustand belassen wurde. Die Burg diente längere Zeit König Diniz I. und seiner Gemahlin, der später heiliggesprochenen Isabel, als Residenz; Isabel starb hier am 4. Juli 1336. Estremoz ist ein Zentrum der Töpferei. Die farbenprächtigen und reichhaltigen Märkte werden auf dem weiträumigen ›Rossio‹ abgehalten. Hier befindet sich auch das sehenswerte *Rathaus*, ein Bauwerk aus dem 17. Jahrhundert mit schönem Zierschmuck aus der Zeit.

Elvas

Von Estremoz nach *Elvas* (Abb. 98) sind es knapp 45 km. Wir befinden uns in unmittelbarer Grenznähe; die Wehrbereitschaft der Bevölkerung war viele Jahrhunderte hindurch eine unabdingbare Forderung. Noch heute kommt das in dem alten Stadtkern zum Ausdruck; die hohen Mauern blieben intakt. Die Burg stammt aus dem 13. Jahrhundert, geht aber zurück auf ein Kastell aus der Römerzeit, das sich dann die Mauren zueigen machten. Elvas hat zwei berühmte Festungen, von denen die *Santa Luzia*, eine Meisterleistung aus dem 17. Jahrhundert, die besterhaltene in ganz Portugal

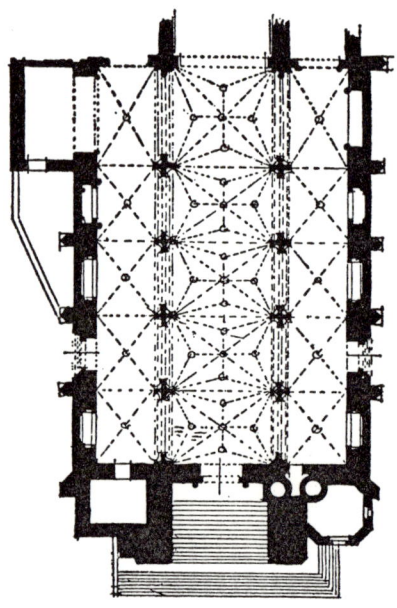

Elvas, Grundriß der Kathedrale

Elvas, Kanzel in der Kathedrale

Setúbal, Jesús-Kirche   a Ansicht   b Längsschnitt

ist. Die *Graça-Festung* aus dem 18. Jahrhundert war wegen ihrer ausgeklügelten Perfektion Vorbild vieler ähnlicher Anlagen.

Zu den interessantesten Bauwerken gehört der acht Kilometer lange *Amoreira-Aquädukt*, an dem über 120 Jahre, von 1498–1622, gearbeitet wurde. Zum Teil vierstöckig, ist seine größte Höhe 31 m. Mehr als achthundert Bögen mußten erstellt werden. Die spätgotische *Kathedrale* aus dem frühen 16. Jahrhundert und die Kirche *Nossa Senhora da Consoloção* mit schönen Azulejos sind sehenswert.

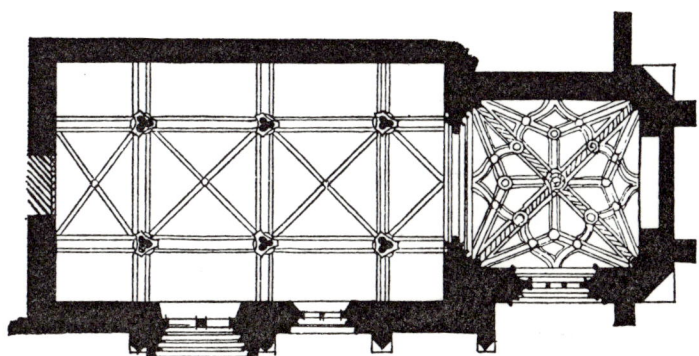

Setúbal, Grundriß
der Jesús-Kirche

Nach Lissabon zurück führt die Reise über *Setúbal,* das römische Cetobriga, in der Mündungsbucht des Rio Sado. Wichtigster Bau ist die *Jesús-Kirche,* das erste manuelinische Bauwerk des Baumeisters Boytac (1491). Es ist eine dreischiffige Hallenkirche mit quadratischem Chor. Im Jesús-Kloster ist auch ein Museum, das Gemälde portugiesischer Meister des 15. und 16. Jahrhunderts zeigt.

Eine andere Route führt über Évora, Manços, Vidigueira und S. Matias nach Beja.

Beja

Beja, Hauptort des gleichnamigen Distrikts, ist ein Landstädtchen, dessen Geschichte in die Römerzeit zurückreicht. Größere Bedeutung erhielt es erst zur Zeit der Maurenherrschaft. Die Araber bauten ausgedehnte Befestigungsanlagen, die nach der endgültigen Rückeroberung um 1250 erweitert wurden. Die alte ›Pax Iulia‹ hat nicht mehr viele Denkmäler aus ihrer langen Geschichte vorzuweisen. Das Wahrzeichen der Stadt ist das *Kastell* aus dem 13. Jahrhundert mit seinem gewaltigen, 40 m hohen Marmorturm, dem vielleicht schönsten Bergfried Portugals. Die Burganlage, in der sich heute ein Kriegsmuseum befindet, ist leider nur noch ein Schatten dessen, was sie einmal gewesen ist. Ein kulturelles Zentrum war im 15. und 16. Jahrhundert der *Convento da Conceição* (Abb. 99). Das Kloster, dessen Gebäude heute als Regionalmuseum dienen, gehörte den Klarissenschwestern und war eines der reichsten des Landes. Berühmt

Gasse in Faro, Algarve. Haus- und Kaminformen zeigen maurische Einflüsse

wurde es besonders durch Mariana Alcoforado, die hier sechzig Jahre lang lebte und angeblich die von Rilke übersetzten ›Liebesbriefe einer portugiesischen Nonne‹ verfaßt hat, die zur Weltliteratur gehören.

Silves, Faro

Die größte Stadt im Süden Portugals ist *Faro*, Hauptstadt der Provinz Algarve. Unter der Herrschaft der Mauren war *Silves*, westlich von Faro gelegen, Zentrum des Algarve; an diese Zeit erinnert das 1940 restaurierte *Kastell* mit sehenswerter Zisterne (Abb. 100). Bis 1580 war Silves Bischofssitz. Die gotische *Kathedrale* stammt aus dem 13. Jahrhundert. Die Mauren konnten erst 1249 aus dieser Gegend vertrieben werden. Dreihundert Jahre später verlieh König João III. die Stadtrechte an *Faro*, das im 18. Jahrhundert zweimal durch Erdbeben zerstört wurde. Kunstgeschichtlich bietet die Stadt wenig. Sie ist Zentrum des Fischfangs, der Fischverarbeitung, des Obstbaus und des Gemüse- und Korkhandels. Arbeit und Brot bietet vor allem die Fischkonservenindustrie. Ein Besuch des Hafens ist zu empfehlen. Das wichtigste Gebäude der Stadt ist die *Kathedrale*, die nach ihrer Zerstörung im Jahr 1755 wiederaufgebaut wurde. Im Ursprung gotisch, zeigt das Innere Anlehnung an den Stil der Renaissance.

Bibliographie

Der Umfang der deutschsprachigen Literatur über die Kunstgeschichte sowie über die Geschichte der Politik Portugals ist nicht sehr groß. Um einen tieferen Einblick in diese Bereiche zu bekommen, wird man mehrheitlich auf portugiesischsprachige Werke zurückgreifen müssen.
Im folgenden sei eine Auswahl wichtiger Bücher gegeben.

Allemann, Fritz René, *Achtmal Portugal*, München 1971

Armando, Walter G., *Geschichte Portugals*, Stuttgart 1966

Bazin, Germain, *L'Architecture réligieuse du Portugal et du Brésil à l'époque baroque*, XVI Congrés International d'Histoire de l'Art. Rapports et Communications, vol. 1, Lisbõa – Porto, 1949

Calmon, Pedro, *Figuras de azulejo*, Rio de Janeiro 1939

Cardoso, Joaquim, *Azulejos na Arquitectura Brasileira*, in: ›Cultura‹, ano 1, Rio de Janeiro 1948

Carvalho, Ayres de, *D. João V ela Arte do Seu Tempo*, 2 vols., Lisbõa 1962

Chicó, Mário und Novais, Mário, *A Arquitectura Gótica em Portugal*, Lisbõa 1957

Chicó Tavares, Mário, *Arquitectura Gótica em Portugal*, Lisbõa 1954

Chicó Tavares, Mário, *A Arquitectura da Idade Média em Portugal*, Lisbõa 1944

Correira, Virgílio, *A Arquitectura em Portugal no século XVI* (Sep. da Biblos), Coimbra 1929

Correira, Virgílio, *Azulejos datados*, Lisbõa 1926

Costa, Xavier da, *As Belas Artes Plásticas em Portugal durante o séc. XVIII*, Lisbõa 1935

Embid, F. Perez, *El Mudejarismo en la Arquitectura Portuguesa de la época manuelina*, 2ª ed., Madrid 1955

Fierens, Paul, *Les Primitifes Portugais*, Brüssel 1949

Figueiredo, José de, *Algumas palavras sobre a evolução da Arte em Portugal*, Lisbõa 1908

Figueiredo, José de, *L'Art Portugais de l'époque des grandes Découvertes au XV siècle*, Paris 1931

Kubler, George und Soria, Martin, *Art and Architecture in Spain and Portugal and their American Dominions, 1500–1800* (in: The Pelican History of Art), London 1959

Lavannino, E., *Gli artisti italiani in Portogallo*, Rom 1940

Leão, Joaquim, Sousa, *Decorative Art, the Azulejo in Portugal and Brasil*, Oxford 1935

Lucena, Armando de, *A Arte Sacra Portuguesa*, Lisbõa 1946

Lucena, Armando de, *Pintores Portugueses do Romantismo*, Lisbõa 1943

Macedo, Diogo de, *A Ecultura Portuguesa nos secs. XVII e XVIII*, in: ›Revista Ocidente‹, 1945

Matos Sequeira, Gustavo de, *Monumentos e Edifícios Notáveis do Distrito de Lisbõa*, 4 vols., Lisbõa 1962–1963

Montez, Paulino, *Do ensino das Belas-Artes em Portugal através dos Séculos*, Lisbõa 1960

Pereira, Luiz Gonzaga, *Monumentos Sacros de Lisbõa em 1833*, Coimbra 1926

Queiroz, Carlos, *Da Arte Moderna em Portugal*, in: ›Variante‹, Lisbõa 1942

Santos, Reinaldo dos, *L'Art Portugais – Architecture, Sculpture, et Pinture*, Paris 1953

Santos, Reinaldo dos, *Oito Séculos de Arte Portuguesa*, Lisbõa 1963

Silva, Pais da, *Notas sobre Arquitectura dos Jesuitas no Espaço Português (Sep.* de Museu, 2ª série, nº 3), Porto 1961

Smith, Robert C., *The Art of Portugal (1500–1800)*, London 1968

Strelocke, Hans, *Portugal, Studienreiseführer mit Landeskunde*, Hans E. Günther Verlag, Stuttgart

Tuohy, Frank und Finlayson, Graham, *Portugal*, Zürich u. Freiburg/Br. 1970

Vasconcelos, Joaquim de, *Da arquitectura manuelina* (Conferência realizada na Exposição distrital de Coimbra), Imprensa de Universidade, Coimbra 1885

Bildnachweis

Register

Personen

Raum für Ihre Reisenotizen

Anschriften neuer Freunde, Foto- u. Filmvermerke, neuentdeckte gute Restaurants, etc.

Raum für Ihre Reisenotizen

Anschriften neuer Freunde, Foto- und Filmvermerke, neuentdeckte Restaurants, etc.

Raum für Ihre Reisenotizen

Anschriften neuer Freunde, Foto- und Filmvermerke, neuentdeckte Restaurants, etc.

Im Haff von Aveiro

Landeskunde und praktische Reisehinweise

Erlebnis Portugal

Portugal, am Rande Europas, ist erst in den letzten Jahren für den Mitteleuropäer als Reise- und Ferienland entdeckt worden. Das rege Interesse an der Vielfalt der Kunstdenkmäler aus ruhmreicher Vergangenheit – Burgen aus der Zeit des Kampfes gegen die Mauren, stilvolle Kirchen, Klöster und Paläste –, daneben die ungebrochene Ursprünglichkeit von Sitten und Gebräuchen, aber auch die landschaftlichen Schönheiten – brandungsreiche Sandstrände mit bizarren Felsformationen, menschenleere Weiten unter sengender Sonne, duftende Eukalyptus- und Pinienwälder, karge Stechginsterheiden, Maisfelder und Weinberge – haben das Land in den Blickpunkt des erlebnishungrigen, schöpferisch empfindenden Reisenden gerückt.

Wenn das Nachbarland Spanien vor allem durch seine heroischen Landschaftsbilder begeistert, so entspannen sich Auge und Seele an der Lieblichkeit der portugiesischen Wälder, Berge und Küsten, ohne daß man die Mannigfaltigkeit vom grünen nordportugiesischen Bergland bis zum afrikanisch anmutenden weißen Algarve entbehren muß.

Auch dem starken Eindruck der portugiesischen Volksseele wird sich der Fremde nicht entziehen können. Die lyrische Melancholie des Portugiesen, seine unbestimmte Sehnsucht manifestieren sich ebenso in der weichen, musikalischen Sprache wie in den Melodien voller Schwermut – im Fado-Gesang; und die Erinnerung schwelgt in der Vergangenheit, als die kühnsten Seefahrer Länder in aller Welt entdeckten und mit ihren reichbeladenen Segelschiffen in die Heimathäfen einliefen.

Geschichtlicher Überblick

Wer sich die Landkarte der Iberischen Halbinsel vorstellt, denkt vor allem an Spanien und vergißt allzu leicht, daß sich im Westen der Halbinsel Portugal als selbständiger Staat entwickelt hat. Bedenkt man, daß die spanisch-portugiesische Grenze eine der ältesten in Europa ist, dann taucht unwillkürlich die Frage nach der Entstehungsgeschichte des Staates Portugal auf.

Nach Jahrhunderten gemeinsamen iberischen Schicksals unter Römern und Germanen gelang es dem arabischen Feldherrn *Tarik* und seinem aus Arabern und islamisierten Berbern bestehenden Heer, im Jahre 711 n. Chr. von Marokko nach Gibraltar (Gibral Tarik = Felsen des Tarik) überzusetzen, das Westgotenheer an der Lagune de la Janda zu besiegen und innerhalb von sieben Jahren fast die gesamte Iberische Halbinsel einzunehmen. Nur in den waldreichen Schluchten des asturisch-kantabrischen Gebirges leisteten die Goten erfolgreich Widerstand und gründeten im Jahre 722 das neugotische Königreich Asturien, von dem die Reconquista (Wiedereroberung) ausging, die fast acht Jahrhunderte dauerte, bis 1492 das letzte Bollwerk, das maurische Königreich Granada, fiel. Die Reconquista-Zeit, in deren Verlauf sich der portugiesische Staat entwickelte, ist voll heroischer Größe und Nationalbewußtsein.

Im Jahre 1095, nach dreieinhalb Jahrhunderten Kampf gegen die Mauren, belehnte König *Alfons VI.* von Kastilien und León seinen Schwiegersohn *Heinrich von Burgund* als Belohnung für geleistete Kriegsdienste mit der lusitanischen Grafschaft Portucale, dem Gebiet zwischen Minho und Tejo. Heinrichs Sohn, *Afonso Henrique* (Alfons Heinrich), betrieb die von seinem Vater schon begonnene Politik der Unabhängigkeit fort, behauptete sich siegreich gegen Kastilien-León und ließ sich nach dem Sieg von Ourique über die Araber (1139) als *Afonso I.* zum ersten portugiesischen König proklamieren. Mit Hilfe englischer Kreuzfahrer gelang 1147 die Einnahme von Lissabon, doch erst ein Jahrhundert später konnte unter *Afonso III.* mit der Rückgewinnung Algarves (1249) und dem kastilischen Verzicht auf diese Provinz die territoriale

Einheit Portugals vollendet werden. Bis auf eine kurzseitige Personalunion mit Spanien konnte Portugal seine Selbständigkeit in Zukunft behaupten, begünstigt durch die etwa zwei Drittel der Landesgrenze bildenden natürlichen, oft tief eingeschnittenen Wasserläufe.

Die Könige der burgundischen Dynastie setzten sich entscheidend für den Aufbau des Landes ein. Die eroberten Städte wurden befestigt, gewaltige Burganlagen und romanische Kathedralen zeugten von der weltlichen und kirchlichen Macht. Zugleich nahmen der Handel mit England, Frankreich und Flandern, Schiffahrt und Landwirtschaft einen regen Aufschwung. Die portugiesische Küste bevölkerte sich rasch, und Lissabon entwickelte sich dank seiner günstigen geographischen Lage zum größten Hafen an der Atlantikküste. In der Zeit der Reconquista ergaben sich aber auch die bis heute nachwirkenden Besiedlungsprobleme und unterschiedlichen sozialen Strukturen des Landes. Während im früher besiedelten Norden durch die Realerbteilung der bäuerliche Kleinbesitz herrschte und zur Überbevölkerung und Auswanderung führte, entstanden im Süden durch Belehnung von Ordensrittern mit neueroberten Gebieten die großen Latifundien.

Nach dem Tode *Ferdinands I.*, des letzten Vertreters der burgundischen Dynastie, war durch die Heirat der Tochter *Beatrix* mit *König Johann* von Kastilien eine Wiedervereinigung von Portugal und Kastilien zu befürchten, weshalb die portugiesischen Cortes den unehelichen Sohn dens, zum König proklamierten. Mit Peters I., den Großmeister des Aviz-Or-*João I.* (Johann I.) begann damit 1385 die Dynastie Aviz. Zunächst besiegte *João I.* mit englischer Hilfe Kastilien bei Aljubarrota (1385) und sicherte damit die Unabhängigkeit Portugals. Mit der Eroberung des marokkanischen Hafens Ceuta (1415) leitete er dann das Zeitalter der großen Seefahrten und Entdeckungen ein und begründete für zwei Jahrhunderte Portugals Ruhm als erste Seemacht der Welt.

Heinrich der Seefahrer, Sohn Joãos I., war eine der bedeutendsten Persönlichkeiten Portugals. Er entwickelte auf seiner Seefahrtschule in Sagres am Cabo de São Vicente eine Ausbildungsstätte für alle Methoden der Seefahrt und Kolonisation, womit die systematische Erforschung zunächst des afrikanischen Kontinents ermöglicht wurde; Madeira, die Azoren und die Kapverdischen Inseln waren die ersten Kolonien. Unter *Manuels I.* Regierung umsegelte *Bartolomëu Diaz* 1488 das Kap der Guten Hoffnung, und *Vasco da Gama* erreichte 1498 auf dem Seeweg Ostindien, wo die Portugiesen im 16. Jahrhundert durch die Gründung wichtiger Handelsplätze den Handel im Indischen Ozean beherrschten. Unermeßliche Schätze häuften sich im Mutterland an, besonders in der reichsten Handelsstadt Europas, in Lissabon, und fremde Kultureinflüsse wurden im reich verzierten manuelinischen Baustil verarbeitet. Auch im gerade von *Kolumbus* entdeckten Amerika konnte Portugal mit der Kolonie Brasilien (seit 1500) seine Macht beweisen, nachdem zur Abgrenzung kolonialer Ansprüche in Südamerika zwischen Spanien und Portugal der Papst im Vertrag von Tordesillas (Kastilien) den 49. Längengrad als Grenzlinie festgelegt hatte.

Als 1578 das Haus Aviz ausstarb, gelang es *Philipp II.* von Spanien nach der Schlacht bei Alcántara, die portugiesische Krone an sich zu reißen. In der Zeit der folgenden spanischen Seeniederlagen gegen England (Untergang der Armada) gingen auch zahlreiche portugiesische Besitzungen in Übersee verloren.

1640 konnte Herzog *Johann von Bragança*, der spätere *João IV.*, einen erfolgreichen Aufstand gegen die Spanier führen und in den nachfolgend gegen Spanien geführten Kriegen schließlich die Unabhängigkeit Portugals wiedergewinnen, die im Frieden von Lissabon (1668) bestätigt wurde. Die ersten Könige der neuen Dynastie Bragança bemühten sich zunächst um die finanzielle und wirtschaftliche Wiederherstellung der ursprünglichen Macht. Die politische Annäherung an England sicherte damals die Ausfuhr der Portweine aus dem Douro-Bezirk und schuf zwischen beiden Nationen ein bis heute sich auswirkendes Freundschaftsverhältnis.

Der Absolutismus erreichte seinen Höhepunkt in Portugal während der Regierungszeit *Josés I.* (Josefs I.), dessen tatkräftiger Minister, *Marqués de Pombal*, im Geiste der Aufklärung und des Merkantilismus regierte und das vernachlässigte heimische Wirtschaftsleben durch Gründung von Handelsgesellschaften und Industrien förderte und sich durch den Wiederaufbau des 1755 beim großen Erdbeben zerstörten Lissabon einen Namen machte.

Als Verbündeter Englands gegen Napoleon wurde Portugal mehrmals von französischen Truppen besetzt, bis es 1808 durch ein britisches Korps unter *Welling-*

ton befreit wurde. Das 19. Jahrhundert brachte nach den Napoleonischen Kriegen Partei- und Verfassungskämpfe, Volksaufstände und Militärputschs. Versuche, die Finanzen zu sanieren, schlugen unter sämtlichen Regierungen fehl (1892 Staatsbankrott). Die Parteigegensätze spitzten sich zu, während gleichzeitig die Verschwendungssucht am Hof die Revolutionäre auf den Plan rief, bis schließlich *Manuel II.* als letzter portugiesischer Monarch gestürzt und vertrieben wurde.

Die 1911 konstituierte neue Republik Portugal erlebte bis 1926 bei ständigen Unruhen im Land 44 Regierungen, bis General *Gomes da Costa* 1926 das Parlament auflöste, die Verfassung aufhob und eine Diktatur errichtete. Sein Nachfolger, General *Carmona*, berief 1928 den Coimbrenser Professor der Finanzwissenschaft, *António de Oliveira Salazar*, zum Finanzminister, der innerhalb eines Jahres den Staatshaushalt stabilisieren konnte. Von 1932 bis 1968 leitete Salazar die Regierung und baute den ›Neuen Staat‹ (Estado Novo) nach seinen und seiner Mitarbeiter Ideen auf. Die mit den afrikanischen ›Provinzen‹ Angola, Mozambique und Guinea zusammenhängenden militärischen und politischen Belastungen, aber auch die sozialen Probleme im Mutterland hatten zum inneren Widerstand gegen das System Salazar geführt, mit dem sich auch sein Nachfolger *Marcelo Caetano,* der einen gemäßigten Liberalisierungskurs zu steuern schien, auseinanderzusetzen hatte. Am 25. April 1974 beendete ein Putsch portugiesischer Offiziere das diktatorische Regime. Ein Jahr später fanden Wahlen für eine verfassunggebende Versammlung statt, bei denen die portugiesischen Sozia-

listen unter ihrem Führer Mario Suares siegten (vgl. S. 9).

Landschaftliche Gliederung und Sehenswürdigkeiten

Die gegensätzlichen Landschaftsräume Portugals sind Ausdruck atlantischer, kontinentaler und mediterraner Klimaeinflüsse und des damit wechselnden Vegetationsbildes, aber auch die Besiedlungsgeschichte prägte die kulturlandschaftlichen Besonderheiten.

I. *Nordportugal* (Minho, Douro Litoral, Trás-os-Montes, Beira Alta, Beira Baixa)
Portugals Norden ist ein durch Flüsse zertaltes altes Gebirgsland aus Granit, Gneis, Quarzit und Tonschiefer, das in der mit eiszeitlich geformten Karen und Trogtälern versehenen Serra da Estrêla Höhen bis 1991 m erreicht. Viele Granitgebirge haben in ihren Gipfelregionen infolge Abtragung Felsburgwüsten ausgebildet (Farbt. 12), und der Gebirgsblock erhielt durch eine junge Aufwölbung zahlreiche Störungszonen, die mit ihrem Reichtum an Bikarbonat-, Schwefel- und Sulfatthermen Grundlage einer stattlichen Zahl von Thermalbadeorten in den Tälern wurden.

Das Bergland von Trás-os-Montes im Nordosten trägt mit Recht den Namen ›Land hinter den Bergen‹, denn diese Region zwischen 550 m und 750 m Höhe, die durch Gebirgszüge vom milden atlantischen Klimaeinfluß abgeschirmt wird, ist eine der spanischen Meseta ähnliche winterkalte, mit Buschwald und Heideflächen karg ausgestattete Landschaft mit ärmlichen Dörfern, wo die Bauern Roggen und Kartoffeln anbauen (Farbt. 11).

Die Feuchtigkeit spendenden atlantischen Winde haben dagegen aus dem westlichen Landschaftsteil (Minho, Douro Litoral) den vielgerühmten ›Garten Portugals‹ geschaffen. Nirgendwo sinkt hier die Niederschlagsmenge unter 1000 mm im Jahr ab, so daß vielseitig zusammengesetzte sommergrüne Wälder aus Stieleichen, Kastanien, Bergahorn, Stechpalmen und atlantische Heide ein liebliches Landschaftsbild schufen, das von allen portugiesischen Landschaften noch am ehesten unseren mitteleuropäischen gleicht. Diese Küstenlandschaften sind mit Höfen von weniger als 0,35 ha ein typisches Kleinbauernland mit Dörfern, Weilern und Einzelhöfen, wo Maisfelder, Wiesen und Fruchthaine aus Ölbäumen, Korkeichen und Weinreben miteinander abwechseln (Farbt. 10).

Die Weinrebe wird hier an Stützbäumen oder Spalieren gehalten, wobei die wegen des herbstlichen Niederschlags- und Nebelreichtums erzeugten ›grünen Weine‹ (vinhos verdes) alkoholarm, aber säurereich sind und vorwiegend dem örtlichen Konsum dienen. Ganz im Gegensatz dazu reifen im tiefeingeschnittenen Dourotal im gesetzlich festgelegten Schieferbereich des Alto Douro an steilen terrassierten Hängen die Portweinreben. Die Ernte zwischen September und Anfang Oktober, zu der Scharen von Wanderarbeitern herbeiströmen, ist ein wirtschaftliches und geselliges Ereignis ersten Ranges. Nachdem man die Trauben maschinell oder häufig noch nach alter Sitte mit den Füßen ausgepreßt hat, wird später der Gärungsprozeß durch Zusatz von südportugiesischem

Weinbrand unterbrochen, sobald der Zuckergehalt auf den gewünschten Betrag gesunken und der Alkoholgehalt entsprechend gestiegen ist. In Fässern gelangt der Portwein mit der Bahn oder auf malerischen Holzbarken nach Vila Nova de Gaia, einem Stadtteil Portos, wo er in Felsenkellern gelagert wird. Kein Besucher Portos sollte sich einen Rundgang durch die Portweinkeller mit den dazugehörigen Kostproben jahrzehntealter rubinrot leuchtender Weine entgehen lassen.

Charakteristisch für den Norden sind auch die Ochsenkarren mit ächzenden Scheibenrädern, die von langhornigen Barroso-Rindern gezogen werden, wobei die riesigen Joche der Zugochsen künstlerisch geschnitzt sind (Farbt. 19). Zu diesen archaischen Kulturelementen gehören auch der granitene, auf Stelzfüßen errichtete Maisspeicher, der gegen gefräßige Ratten und Mäuse mit horizontalen Steinplatten geschützt wird (Farbt. 15), sowie Reste einer kollektivistischen Agrarverfassung, bei der die Dorfgemeinschaft Anbau und Ernte ausführt.

Der Kunstreisende wird Portugals Norden aber vor allem wegen seines Reichtums an romanischen und gotischen Kunstdenkmälern in den Städten Porto, Braga, Guimarães, Vila Real, Viseu, Guarda und Bragança schätzen.

II. *Mittelportugal* (Beira Litoral, Estremadura, Ribatejo)
Diese Kernlandschaft Portugals mit ihrem Zentrum Lissabon ist von der Natur gleichermaßen begünstigt wie gefährdet. Als Zeichen starker tektonischer Mobilität ist das Tejobecken (Ribatejo) entstanden, wobei die Senkung des Beckens, wie das

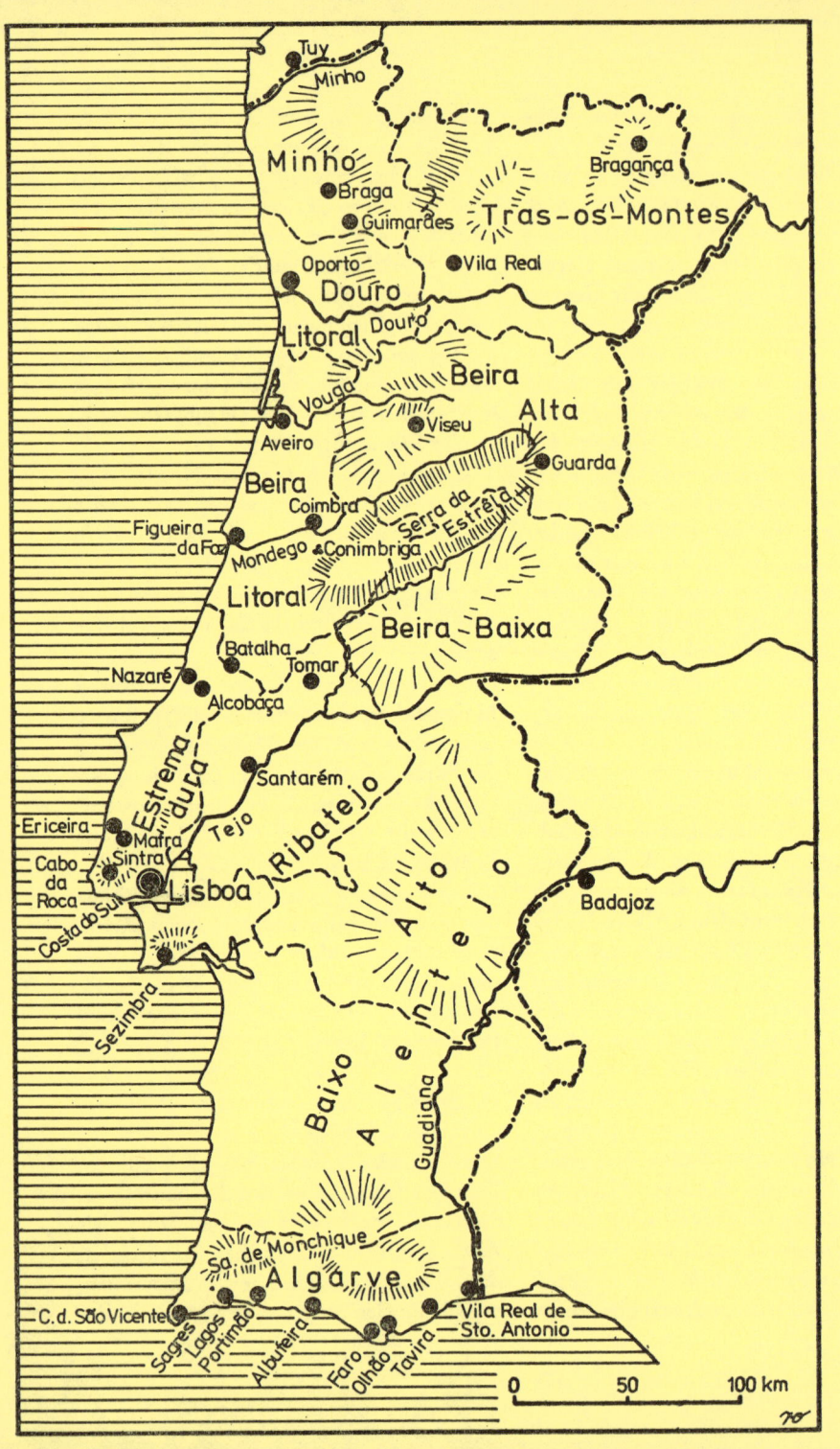

Landschaftsräume
Portugals

Erdbeben von Lissabon 1755 und viele jüngere Erdstöße zeigen, auch heute noch nicht abgeschlossen ist. Zugleich aber bildet das Strohmeer im Mündungsgebiet des Tejo einen ausgezeichneten Naturhafen, der Voraussetzung für die Blüte Lissabons wurde. Nördlich des Tejo reichen die Ausläufer der Serra da Estrêla als leicht welliges Hügelland aus mesozoischen Kalken bis zum Cabo da Roca; die Felsenstadt Pedra Furada, 25 km nordwestlich der Hauptstadt, ist hier ein einmaliges Beispiel einer verkarsteten Landschaft. Schließlich erstreckt sich bis zum Douro eine Flachküste mit Nehrungen und Haffseen. Lebendige malerische Hafenstädtchen wie Aveiro, Zentrum der Neufundlandfischerei und der Seesalzgewinnung, oder das reizvolle Nazaré (Farbt. 22) mit zahlreichen bunten Fischerbooten und riesigen zum Trocknen aufgehängten Hochseenetzen wechseln mit mondänen Seebädern wie Figueira da Foz, Ericeira oder Sezimbra ab, und die Palmenstrände von Estoril und Cascais an der portugiesischen Riviera, der Costa do Sul, verraten die hier herrschende mediterrane Klimagunst, die verantwortlich dafür ist, daß in der Küstenebene außer der reichen Fülle mediterraner Kulturen auch Reis in den überschwemmbaren Talauen von Vouga, Mondego und Tejo gedeiht (Farbt. 18, 21). Ein besonders fruchtbares und dichtbesiedeltes Agrargebiet findet sich in der Ribatejo genannten Ebene, wo der reiche Anbau von Weizen, Reis, Oliven, Wein, Feigen und Orangen, aber auch die Rinder- und Pferdezucht mit den berittenen ›campinos‹ (Viehhirten) charakteristisch ist.

Es ist kein Wunder, daß sich in dieser klimatisch begünstigten Landschaft auch

Viehhirten

die künstlerisch-kulturellen Sehenswürdigkeiten des Landes auf kleinem Raum zusammenballen. Zwischen Lissabon und der berühmten Universitätsstadt Coimbra finden sich Spuren seit der Römerzeit, so die antike Stadt Conimbriga mit ausgegrabenen Mauern, Wohnhäusern, bunten Mosaiken und Thermen, die romanischen Kathedralen von Lissabon und Coimbra, die gotischen Klöster von Santarém, Alcobaça und Batalha sowie die hervorragenden Beispiele manuelinischer Architektur, das Hieronymus-Kloster in Lissabon unweit des Turmes von Belém, das Kloster von Tomar und Zubauten zum Kloster von Batalha. Der portugiesische Barock erhielt in der gewaltigen Anlage von Mafra mit Königsschloß, Kirche und Kloster ein dem spanischen Escorial vergleichbares Zeugnis, aber auch ›Portugals Versailles‹, die königliche Sommerresidenz von Queluz, oder die Schlösser von Sintra in der gleichnamigen Serra laden zu einem Ausflug in Lissabons Umgebung ein.

III. *Südportugal* (Alentejo, Algarve)

Im krassen Gegensatz zum feuchten und fruchtbaren Nord- und Mittelportugal liegt das südlich des Tejo sich ausbreitende Tafelland von Alentejo, ein abgesunkenes, nach Westen geneigtes Stück der Meseta Neukastiliens. Diese in Portugal am stärksten kontinentale Züge aufweisende Landschaft mit weniger als 400 mm Jahresniederschlag ist äußerst dünn besiedelt (Farbt. 13). Mit riesigen Weizenschlägen, die extensiv mit langjährigen Brachen bestellt wurden, herrschte hier der Großgrundbesitz (bis zu 20 000 ha) vor, bis es 1975 im Zuge einer Landreform zur Besetzung dieser Betriebe kam, die seitdem von Landarbeiterkommissionen geleitet werden (diese Besetzungen sind teilweise wieder rückgängig gemacht worden). Neben Weizenanbau gibt es ausgedehnte Weinfelder,

Oliven- und Korkeichenhaine; letztere dienen der Korkgewinnung, einem wichtigen Exportartikel, aber auch der Schweinemast. Vereinzelt wird auf Musterhöfen mit Hilfe künstlicher Bewässerung ein intensiver Anbau von Mais, Tomaten (Farbt. 20) und Paprika betrieben. Meist liegen die Felder nach der Ernte steppenhaft trocken da, nur im Frühjahr blüht eine aus Rosmarin, Ginster, Mastixstrauch und Erdbeerbaum bestehende Macchie.

Sobald man am Südhang der 902 m hohen Serra de Monchique die Landschaft Algarve betritt, glaubt man sich in einen paradiesischen Garten versetzt. Durch die geschützte Südlage sind Klima und Vegetation typisch mediterran. Nach den winterlichen Regenfällen beginnt schon im Februar der algarvische Frühling mit einem Blütenmeer der Mandelbäume. Die

Schornsteine im Algarve

Sommer sind extrem trocken und warm. Ein Hauch von Afrika und die Erinnerung an die lange Zeit maurischer Herrschaft ist zu spüren in den weißgetünchten, würfelförmigen Plattdachhäusern von Olhão (Farbt. 9) und Tavira, in den Methoden der künstlichen Bewässerung durch Norias (Farbt. 16), Kanäle und Gräben und in den vielen arabischen Orts- und Flurnamen. Auf fruchtbarer Roterde ist eine intensiv genutzte Gartenlandschaft entwickelt worden mit Agrumen, Obst, Gemüse und Wein, mit Fruchthainen aus Oliven-, Feigen-, Mandel- und Johannisbrotbäumen in Klein- und Mittelbesitz. Kleine Fischerorte an der Küste widmen sich vorwiegend dem Thunfisch- und Sardinenfang. Neben der üppigen Vegetation begeistern den Urlauber aber vor allem die Badeorte, denn die Atlantikküste Algarves weist breite Sandstrände und zugleich unverwechselbar schroffe, orangefarbene Kliffs auf (s. vordere Klappe).

Klima und Reisezeit

Im Gegensatz zu vielen Touristengegenden an der spanischen Mittelmeerküste ist das Klima in Portugal dank der Lage am Atlantik milder und ausgeglichener. Die Niederschläge fallen vorwiegend im Spätherbst und Winter und nehmen von Norden nach Süden und von der Küste zum Landesinnern ab. Im Norden werden, abhängig von der Höhenlage, zwischen 1000 m und weit über 2000 m und an der algarvischen Küste im Süden bis 400 mm im Jahr gemessen. Auch die Temperaturschwankungen sind an der Küste geringer als im Innern.

Die folgenden durchschnittlichen Temperaturwerte in Grad Celsius sind so zu verstehen, daß die Maximalwerte der Luft um die Mittagszeit, die Minimalwerte nachts gemessen werden

	Norden	Lissabon	Algarve
Jan./Feb.	14,0/7.0	15,0/8,5	15,5/8,5
Juli/Aug.	21,5/14,5	25,5/17,0	27,5/18,0

Das Algarve ist mit seinem wolkenlosen Himmel von Mai bis Oktober und den hohen Wassertemperaturen zwischen 18 und 22 Grad Celsius im gleichen Zeitraum ein ideales Ferienland. Für den Kunstreisenden bietet der Raum um Lissabon das ganze Jahr über angenehme Temperaturen, doch sollte man in Mittel- und Nordportugal während der Wintermonate häufige Niederschläge und Nebelreichtum einplanen.

Anreisewege und Routenvorschläge

Seit der Entdeckung Portugals durch die großen Touristikunternehmen buchen die meisten Portugalbesucher für ihren Badeurlaub eine Flugpauschalreise in das sonnige Algarve, nach Lagos, Albufeira oder Praia da Rocha/Portimão. Von hier aus veranstalten die Reiseunternehmen ganztägige Algarve-Rundfahrten, mehrtägige Ausflüge nach Lissabon oder sogar einwöchige Portugal-Erlebnisreisen, die den Kunstliebhaber bis nach Porto und damit zu den bekanntesten Kunststätten führen.

Wer als Individualist einen solchen Urlaub in den Hotelstädten verschmäht und das Entdecken der Schönheit und Fremdartigkeit des Landes auf eigene Faust dem

Windmühlen im Algarve

organisierten Reisen vorzieht, dem stehen mehrere Möglichkeiten offen. Von nahezu allen großen deutschen Flughäfen ist Lissabon im Direktflug in ca. 3 Stunden zu erreichen, von Frankfurt/Main aus täglich. Mit der Eisenbahn fährt man von Norddeutschland über Paris und erreicht von dort mit dem Südexpreß die portugiesische Hauptstadt in etwa 30 Stunden, mit einem Schnellzug in 40 Stunden. Von Süddeutschland, Österreich und der Schweiz führen Eisenbahnlinien über Genf – Lyon – Bordeaux – Hendaye oder über Lyon – Port Bou – Barcelona – Madrid. Wer über sehr viel Zeit verfügt, kann auch von Hamburg, Bremen, Marseille oder Genua mit dem Schiff sein Reiseziel erreichen und erlebt dann nach etwa einwöchiger Seefahrt die großartige Hafeneinfahrt in Lissabon.

Der mit Flugzeug, Eisenbahn oder Schiff in Portugal ankommende Reisende wird weiterhin öffentliche Verkehrsmittel be-

nutzen wollen. Obwohl alle Landesteile mit dem Autobus, alle großen Städte mit der Eisenbahn zu erreichen sind, muß man doch viel Zeit für Anschlüsse investieren, so daß sich ein Mietwagen (nationaler Führerschein genügt) lohnt, der in allen größeren Städten zu leihen ist. Erst jetzt kann der unabhängige Portugalreisende auch spontan verweilen, die landschaftlichen Höhepunkte besser genießen und die ländliche Bevölkerung abseits der größeren Orte kennenlernen.

Nur für den Reisenden, der über mindestens vier Wochen Zeit verfügt, lohnt sich die etwa 2500 km lange Anreise im eigenen Auto. Will man in erster Linie Portugal kennenlernen und betrachtet Spanien nur als Durchreiseland, so fährt man von Norddeutschland am schnellsten über Paris – Bordeaux – San Sebastian – Burgos – Salamanca, von Süddeutschland über Lyon – Montpellier – Barcelona – Zaragoza – Madrid – Badajoz. Wer dagegen die überwältigenden Landschaften und die bedeutenden Kunststätten Spaniens in seine Reise einbeziehen will, der sollte von San Sebastian aus den an romanischen und gotischen Kunstschätzen reichen Norden Spaniens durchqueren, bei Tuy die portugiesische Grenze überschreiten und nach Art der Konquistadoren nach Süden vorstoßen, wo er das Algarve bei Vila Real de São António verläßt, um mit den maurischen und römischen Kunststätten in Andalusien und an der spanischen Mittelmeerküste seine große iberische Rundreise abzuschließen. Ideal wären auch zwei iberische Reisen, wobei man sich einmal dem Norden Spaniens und Portugals und später dem Süden beider Länder widmen kann, was auch den Vorzug hat, daß das Landesinnere Spaniens um Madrid, Toledo und Salamanca erkundet werden kann.

Organisatorische Fragen einer Portugalreise sind heute auf ein Minimum beschränkt. Für Staatsbürger der BRD genügt der gültige Personalausweis, nur bei Reisen durch Spanien sind der Reisepaß und der Internationale Führerschein notwendig. Genaue Informationen über alle eine Portugalreise betreffenden Fragen gibt auf Anfrage in Deutschland das *Portugiesische Touristik-Amt*, 6 Frankfurt/Main, Kaiserstraße 37, Tel. (0611) 232493.

Unterkunft und Verpflegung

Als typisches Reiseland bietet Portugal Hotels in allen Preisklassen. Die besten, teuersten findet man in Lissabon und Porto sowie in den Touristikzentren an der Atlantikküste, vor allem aber in den mondänen Bädern Estoril und Cascais. Auch die vom Staat betriebenen Rasthäuser (Pousadas), oft in landesgeschichtlich bedeutenden Bauten untergebracht, sind wegen der Bodenständigkeit sehr zu empfehlen. Für den knappen Geldbeutel bieten sich die Jugendherbergen an, die auch dem müden Autofahrer ein Unterkommen nicht verwehren.

Die Gastfreundschaft der Portugiesen zeigt sich auch im Angebot an gastronomischen Spezialitäten, wobei der Einheimische die deftige Kost bevorzugt. Neben der

Karte der staatlichen Rasthäuser (Pousadas) in Portugal

internationalen Küche, die alle großen Hotels anbieten, kann man kulinarische Abenteuer in den kleinen Restaurants erleben, die sich nicht in erster Linie an den Touristen wenden. Das Nationalgericht ist der ›bacalhau‹ (Stockfisch); allein dafür hat fast jede portugiesische Hausfrau ihre eigenen Rezepte. Überhaupt stehen schmackhafte Fischgerichte dank des Fischreichtums an erster Stelle. Daneben werden Lammfleisch und Schweinefleisch phantasievoll zubereitet. Weitere Spezialitäten sind Fischsuppen, auf offenem Holzkohlenfeuer geröstete Sardinen, geröstete Langusten oder Spanferkel, Rebhühner und Hasenbraten zu bestimmten Jahreszeiten. Die wirklich reichhaltige Mahlzeit findet ihren Abschluß in einem Stück kräftigen Käse oder in Süßigkeiten, wonach noch ein kleiner, starker Kaffee gereicht wird. Zum Essen gehören selbstverständlich als Aperitif der rote, süße oder der trockene, weiße Portwein und später ein guter Landwein.

Feste

Der Reisende sollte einen zwischen Ostern und Oktober stattfindenden Stierkampf nicht versäumen; die bekanntesten finden in Lissabon und Vila Franca de Xira statt, doch ursprünglicher sind die auf öffentlichen Plätzen in den kleineren Orten auf dem Lande. Im Gegensatz zum spanischen Brauch wird in Portugal der Stier seit der Regierungszeit Josefs I. nicht getötet, und der Kampf verläuft durch die auf den Hörnern angebrachten Lederkappen im allgemeinen ohne Blutvergießen. Dennoch unterscheiden sich das farbenprächtige

Schauspiel und die Begeisterung der Zuschauer kaum von dem, was der Reisende in Spanien erlebt. Der Hauptkampf spielt sich zwischen dem Stier und dem auf wertvollen Pferden reitenden ›calvaeiro‹ ab, der zwei ›banderillas‹ dem Stier einzuspießen versucht, insgesamt ein Schauspiel von unnachahmlicher Eleganz und Gewandtheit. Zuletzt wird in einem dramatischen Schlußteil der ermüdete Stier von ›forcados‹ durch reine Muskelkraft und Gewandtheit überwältigt und anschließend von zahmen Kühen aus der Arena geleitet.

Neben dem Stierkampf sind Kirchen- und Volksfeste sehenswert. Das ganze Jahr hindurch finden sie irgendwo im Lande zu Ehren eines Ortsheiligen statt, und mit Ausnahme des ernsten Osterfestes werden diese farbenprächtig und ausgelassen gefeiert. Prozessionen, malerische Trachten, mit Blumen geschmückte Ochsenkarren, Volkslieder und Volkstänze bringen die portugiesische Lebensfreude dem Fremden dann am ehesten nahe. Hinzu kommen regelmäßige Märkte, wie etwa der berühmte Töpfermarkt in Barcelos nahe Porto, wo die bekannten Hähne aus Terrakotta in allen Größen angeboten werden, oder der Lissaboner Flohmarkt.

Verständigung

Mit Hilfe der französischen oder englischen Sprache, in selteneren Fällen auch mit Deutsch, wird sich der Reisende in den größeren Städten verständigen können. Eigentlich sollte man meinen, daß die sprachliche Verwandtschaft der beiden ibero-romanischen Sprachen für die Verständigung förderlich sei. Doch immer wieder erlebt der Fremde, daß er mit seinen Spanischkenntnissen in Portugal auf taube Ohren stößt. Das liegt meist nicht daran, daß der Portugiese die Sprache nicht mit etwas Wohlwollen verstände, sondern hat seine Ursache darin, daß der Stolz es nicht zuläßt, in der Sprache des traditionellen Rivalen angesprochen zu werden.

Bemüht sich der Fremde aber, einige Brocken Portugiesisch zu sprechen, so kann er sicher sein, daß ihm die Herzlichkeit der Portugiesen, der Fischer an den Stränden und in den Häfen, der Bauern auf den Feldern, der Wäscherinnen an den Wasserstellen und vor allem der vielen Kinder in allen Landstrichen entgegenschlägt und alle Hemmungen und sozialen Schranken vor dem menschlichen Verstehenwollen fallen.

Frank Rother, geb. 1942, studierte Geographie, Geologie und Deutsche Philologie und promovierte 1973 mit einer sozialgeographischen Arbeit. Er schrieb die Landeskunde und die praktischen Reisehinweise und stellte die Fotos für die Farbtafeln 10–22 und für die Innenklappe zur Verfügung.

Almut Rother, geb. 1943, studierte Geographie und Kunst. Sie zeichnete die Textillustrationen Fig. S. 11–16, 184, 190–192, 194.

In der Reihe DuMont Kunst-Reiseführer erschienen die Bände: ›Jugoslawien. Kunst, Geschichte, Landschaft. Ein Reisebegleiter zwischen Adria und Donau.‹ Von Frank Rother (1976) ›Die Bretagne. Im Land der Dolmen, Menhire und Calvaires.‹ Von Frank und Almut Rother (1978)

DuMont Kunst-Reiseführer

DuMont Kunst-Reiseführer

»Richtig reisen«

Die »Richtig reisen«-Führer wollen für Urlaub und Reise gegen das konfektionierte Tourismus-Angebot Möglichkeiten eines individuellen erlebnisreicheren und interessanteren Reisens aufzeigen. Unter solcher Zielsetzung erschließen sie neue Weltstädte – wie London, Paris, Kopenhagen – oder größere Ziele des Fern-Tourismus.

»Richtig reisen«: Amsterdam

Von Eddy und Henriette Posthuma de Boer. 203 Seiten mit 12 farbigen und 130 einfarbigen Abbildungen, Stadtplänen, Karten, praktische Reisehinweise

»Richtig reisen«: Ferner Osten

Von Charlotte Peter und Margrit Sprecher. 302 Seiten mit 14 farbigen und 120 einfarbigen Abbildungen, Stadtplänen, Karten, praktische Reisehinweise

»Richtig reisen«: Ibiza/Formentera

Von Ursula von Kardorff und Helga Sittl. 248 Seiten mit 52 farbigen und 153 einfarbigen Abbildungen, Karten und Plänen, praktische Reisehinweise (Neu Frühjahr '78)

»Richtig reisen«: Istanbul

Von Klaus und Lissi Barisch. 257 Seiten mit 28 farbigen und 173 einfarbigen Abbildungen, Zeichnungen, Karten und Plänen, praktische Reisehinweise

»Richtig reisen«: Kopenhagen

Von Karl-Richard Könnecke. 200 Seiten mit 32 farbigen und 116 einfarbigen Abbildungen, Karten und Plänen, praktische Reisehinweise

»Richtig reisen«: London

Von Klaus Barisch und Peter Sahla. 251 Seiten mit 18 farbigen und 189 einfarbigen Abbildungen, Stadtplänen, Karten, praktische Reisehinweise

»Richtig reisen«: Mexiko und Zentralamerika

Von Thomas Binder. 330 Seiten mit 32 farbigen und 119 einfarbigen Abbildungen, Karten und Plänen, praktische Reisehinweise

»Richtig reisen«: Moskau

Von Wolfgang Kuballa. 268 Seiten mit 36 farbigen und 150 einfarbigen Abbildungen, Karten und Plänen, praktische Reisehinweise

»Richtig reisen«: Nepal

Kathmandu: Tor zum Nepal-Trekking
Von Dieter Bedenig. 288 Seiten mit 37 farbigen und 97 einfarbigen Abbildungen, Karten und Plänen, praktische Reisehinweise

»Richtig reisen«: New York

Von Gabriele von Arnim. 312 Seiten mit 61 farbigen und 176 einfarbigen Abbildungen, Karten und Plänen, praktische Reisehinweise (Neu Frühjahr '78)

»Richtig reisen«: Paris

Von Ursula von Kardorff und Helga Sittl. 277 Seiten mit 34 farbigen und 172 einfarbigen Abbildungen, Karten und Plänen, praktische Reisehinweise

»Richtig reisen«: San Francisco

Von Hartmut Gerdes. 248 Seiten mit 33 farbigen und 155 einfarbigen Abbildungen, Karten und Plänen, praktische Reisehinweise

»Richtig reisen«: Südamerika

Kolumbien, Ekuador, Peru, Bolivien
Von Thomas Binder. 252 Seiten mit 35 farbigen und 121 einfarbigen Abbildungen, Karten und Plänen, praktische Reisehinweise

»Richtig reisen«: Südamerika 2

Argentinien – Chile – Uruguay – Paraguay. Mit einer Beilage zur Fußball-Weltmeisterschaft 1978

Von Thomas Binder. Etwa 330 Seiten mit etwa 35 farbigen und etwa 128 einfarbigen Abbildungen, Karten und Plänen, praktische Reisehinweise (Neu Frühjahr '78)